용서는 생존이 아닌 희생의 산물이다

환영받지 못하는 사람일지라도 여전히 존중받아야 한다

용서를 빌미로 죄의식을 갖게 해서는 안 된다

어떻게 용서할 것인가?

지은이	윌마 덕슨 Wilma L. Derkson
옮긴이	김복기
초판발행	2014년 9월 15일
펴낸이	배용하
책임편집	박민서
등록	제364-2008-000013호
펴낸곳	도서출판 대장간
	www.daejanggan.org
등록한곳	대전광역시 동구 삼성동 285-16
편집부	전화 (042) 673-7424
영업부	전화 (042) 673-7424 전송 (042) 623-1424
ISBN	978-89-7071-335-9 03330

 값 8,400원

용서에 관한 그룹 연구

어떻게 용서할 것인가?

월마 덕슨

김복기 옮김

Unsettled Weather
How do I forgive?
A group study on forgiveness
using a storytelling method

Wilma L. Derkson

Lesson Study Guide
by Tym Elias and Brenda Suderman

❖❖ 옮긴이 : 김 복기

캐나다 메노나이트 교회의 목사이자 선교사인 김복기는 강원대학교 조경학과를 졸업하
고 유학을 가서 학문과 신앙을 바꿨다. 캐나다 메노나이트 성경대학을 졸업하고, 미국 메노나
이트 연합신학 대학원에서 목회학 석사학위를 받았다. 캐나다 온타리오주 런던의 샬롬 아도
나이 교회에서 회중을 섬겼으며, 현재 캐나다 메노나이트교회 소속 선교사이다.

『교회, 그 몸의 정치』, 『그리스도의 충만함』, 『용기있는 믿음의 인물들』, 『아나뱁티스트 역
사』, 『정의 프로젝트』, 『죄의 어둡고 긴 그림자』, 『열 두 사람 이야기』, 『일과 쉼』, 『재세례신앙
의 비전』, 『반석 위에 세우리라』, 『아이들과 절대 흥정하지 마라』 등 여러 권의 아나뱁티스트
운동 관련 책을 한국에 소개하였다. 지금은 「한국아나뱁티스트 저널」Korean Anabaptist Journal의
편집위원으로, 아내 박숙경자매와 캐나다메노나이트선교회의 선교사로 한국 교회와 기관
(KAC)을 섬기고 있다.

차 례

❖❖❖옮긴이의 글

용서는 없다. 그래서 용서하지 않는다. 아니 용서하지 않을 것이다. 더 나아가 내가 받은 것을 그대로 갚아줄 것이다. 영화 제목과 영화의 줄 거리

상처받았다. 치명적인 상처를 받았다. 그래서 아프다. 나에게 이런 상처를 준 사람을 도저히 용서할 수 없다. 나에게 용서를 강요하지 마라. 보통 사람들의 일상 고백

화해와 용서. 말이 쉽지 그리스도인이라 할지라도 이것은 실천하기 어려운 내용이다. 화해와 용서는 특별한 사람을 위한 것이지, 나 같은 평범한 그리스도인은 차라리 상처를 끌어안고 사는 편이 더 나을 것 같다. 성경에 기록된 말씀이니 아마 천국에 가면 이루어질 것 이라 믿는다. 일반 그리스도인들의 반성서적 고백

저, 상처받았어요. 그 형제가 불편해요. 그 말끝마다 내 상처를 후벼 파는 것 같이 들려, 이 모임에 나오지 않을까 해요. 차라리 나 자신을 숨길 수 있는 군중 속에 숨어 사는 게 더 나을 것 같아요. 용기를 갖고 소그룹에 참여하려던 어떤 자매의 고백

이 책을 번역하면서 역자로서 삶을 뒤돌아보았다. 단면이지만, 삶 전체에 영향을 미치는 관계와 영혼의 상처에 대해 깊은 묵상의 시간을 가졌습니다. 보이지 않지만, 삶에 희망을 주는 것과 삶을 가로막는 것이 무엇인지 살펴보았습니다.

상처, 아픔, 두려움, 공포, 후회, 낙담, 무기력, 절망, 죄의식, 분노, 미움, 자존심 등과 같은 어두운 모습부터, 용기, 신뢰, 친절, 용서, 책임, 사랑, 존경, 기쁨, 감사, 평화, 일치 등 밝은 모습까지 사람마다 살펴보길 원치 않는 내면의 세계를 들여다보았습니다. 그러면서 내가 가진 상처는 무엇인가? 나에게 상처를 준 사람은 누구이며, 내가 상처를 준 사람은 누구인가? 내 인생에서 용서 못 할 사건과 사람은 없는가? 스스로 질문 해보았습니다. 동시에 그리스도의 제자로서 엄청난 죄인인 나를 받아주시고, 용서하신 여호와 하나님과 평화의 왕이신 그리스도, 그리고 매일 생활 속에서 현존하는 신 앞에 솔직히 서보았습니다.

늘 중얼거리던 "신과 독대하라"라는 말의 뜻을 용서라는 단어 앞에서 다시 중얼거려 보았습니다. 신과 일대일로 만나면서, 용서 받아야 할 사람과 용서해야 할 사람을 떠올려 삼자대면시켰습니다. 그분의 뜻을 묻다 보니 내 인생에 들어와 기억 속에 자리한 사람들과의 관계가 재정립하는 경험을 하게 되었습니다.

유괴된 딸이 살해된 뒤, 인생에 닥쳐온 변화와 용서의 문제로 평생 씨름을 한 저자 윌마 덕슨의 삶과 이야기, 많은 사람이 성공모델로 삼는 이집트의 왕자 요셉의 삶과 이야기, 그리고 내 삶에 깃든 상처와 용서에 대한 이야기를 함께 삼겹줄로 엮어 묵상하였습니다.

이러한 묵상을 통해 우리 인생에 상처를 준 사람은 별로 없는데 상처 입은 사람이 정말 많다는 사실, 가해자는 별로 없다고 하지만 피해자는 많다는 사실, 그럼에도 우리 일상은 아무런 일도 없다는 듯이 잘도 흘러가고 있다는 사실을 발견하게 되었습니다. 더 아프지 않으려고 아픈 상처를 건드리려 하지 않는 이러한 현상 때문에 우리의 관계와 영혼의 성장이 멈추고, 원하는 바와 상관없이 삶의 질 또한 별로 나아지지 않고 있다는 생각을 하게 되었습니다.

마음의 상처를 안고 있으면서 상처를 준 사람 혹은 상처를 주었다고 생각하는 사람과 다시 관계를 원치 않는다면 우리 인생은 불행해질 것입니다. 상처는 외상보다 내면의 상처를 다루기가 훨씬 어렵습니다. 우리 마음에 존재하는 분개와 증오와 쓴 뿌리가 드러나기까지는 시간이 걸릴 뿐만 아니라, 어떤 이들은 이를 잘 드러내지 않고 살기 때문입니다. 그러나 이러한 마음의 상처를 치유하기 전까지 우리의 삶은 향상되지 않으며, 우리가 섬기는 주님도 기뻐하지 않으실 것입니다.

용서는 관계입니다. 단지 주님과 나와의 관계일 뿐 아니라, 나와 또 다른 나와의 관계, 나와 타인과의 관계, 그리고 주님과 나와 또 다른 사람과의 관계입니다. 용서나 화해가 필요 없는 삶을 사는 사람이 있다면, 그 사람은 관계의 달인이거나, 아니면 상대를 이용하고 버리면 된다는 실용주의 방식으로 살아가는 사람일지 모릅니다. 그러나 대다수 사람은 관계의 달인도 아니고, 상대를 쓰고 버리면 된다는 식으로 살아가지 않습니다. 대신에 아픈 상처를 끌어안고 주어진 삶을 살아가는 편을 선택합니다. 더 나아가 용서는 불가능한 것이라 믿고 살아갑니다.

그러나 성경이 말하는 사람의 관계란 그냥 잊어버리면 되는 것이 아니라, 환부에 메스를 대고, 때로는 환부를 도려내도록 요구합니다. 기억 저편으로 밀어두는 것이 능사가 아니라, 언젠가는 꼭 다시 파헤쳐 뿌리를 드러내도록 요구합니다. 미워해야 할 대상을 미워하는 단순한 차원에 머무르지 말고, 그들을 위해 기도하고, 그들을 위해 선행을 하라고 요구합니다.

우리는 선인과 악인에게 똑같은 비와 햇살을 비추시는 하나님 아버지를 이해하지 못합니다. 원수를 증오하는 차원을 넘어서 원수에게 은혜를 베푸시는 하나님까지 증오하기도 합니다. 그래서 그런 하나님은 필요 없다고 선언하면서 그리스도인으로 살기보다는 차라리 신의 존재를 인정하지 않고 순수인간으로 자유롭게 살려고 몸

부림치기도 합니다. 그러나 이러한 자유가 그 사람을 진정으로 해방해주지 못합니다.

이 책이 말하는 용서는 순간의 결단이 필요하지만, 단회적인 행동이 아니라 연속적인 용서의 과정을 요구합니다. 어느 날 갑자기 마음을 확 바꾸는 결단도 필요하지만, 자신이 내린 결단을 다시 번복하지 않으려는 의지와 하나님의 도우심 또한 절실하다는 사실을 인정합니다. 용서는 이성과 논리로 준비해야 하지만 그것만으로 용서가 자동으로 이루어지는 것이 아니기에, 하나님의 인도, 현존, 임재에 의지할 필요가 있음을 공개합니다. 동시에 용서와 화해는 하나님과 나와의 관계를 넘어 내 인생을 힘겹게 만든 상대가 존재하기 때문에 그 상대를 대면하고자 하는 엄청난 용기로 나아가도록 초청합니다.

이 책은 저자 자신의 이야기, 성서의 인물인 요셉의 이야기, 그리고 이 책을 읽는 독자의 이야기라는 인생의 삼색 줄을 꼬아나가도록 독자를 초청합니다. **상처–아픔–고민–용서로의 결단–지속적인 성령의 인도**라는 여정으로 독자를 초청합니다.

용서가 가능한가, 불가능한가를 논하기 전에, 나를 받아주신 용서의 하나님을 신뢰하는지 먼저 물어보며 책을 읽어나가기 원합니다. 용서를 그저 이성적인 논리만으로 재단하여 불가능한 것이라고 단정 짓기 전에 총체적인 과정을 바라보며 나아가기 원합니다. 어둡고 길게만 보이는 터널 이편에서 모든 것을 보고 판단하기 전에, 터널 저편에 있는 희망의 약속이라는 햇살을 바라보기 원합니다. 그런 면에서 이 책은 이론서가 아닌, 실천서입니다. 용서 이전과 용서 이후의 삶을 경험하는 것은 일상은 물론이거니와 인생 전반에 엄청난 변화를 몰고 올 것입니다.

용서. 그 아픔이 변해 기쁨이 되는 놀라운 주님의 세계, 그 주님의 사랑과 은혜와 평화의 세계로 독자들을 초청합니다.

이제는 전에 멀리 있던 너희가 그리스도 예수 안에서 그리스도의 피로 가까워졌느니라. 에베소서 2:13

- 매일 늦게 귀가하는 남편을 어떻게 용서해야 하나요?
- 내 차를 박살 낸 동생을 어떻게 용서해야 하나요?
- 살림할 돈을 도박으로 탕진한 아내를 어떻게 용서해야 하나요?
- 내 인생을 망가뜨린 엄마를 어떻게 용서해야 하나요?
- 말 없이 내가 아끼는 옷을 입고 여행을 떠난 언니를 어떻게 용서해야 하나요?
- 나의 상심한 마음에 대해 여기저기 떠들고 다니는 동료를 어떻게 용서해야 하나요?
- 섹스sexuality에 대해 용납할 수 없다는 태도를 보이는 우리 교회를 어떻게 용서해야 하나요?
- 해서는 안 되는 말을 지껄이는 아들 녀석을 어떻게 용서해야 하나요?
- 화장실에서 볼 일을 보고 매번 그냥 나가버리는 남편을 어떻게 용서해야 하나요?
- 사업계획을 여기저기 떠들고 다니는 동료를 어떻게 용서해야 하나요?
- 친구들 앞에서 나를 당황스럽게 하는 아버지를 어떻게 용서해야 하나요?

- 애정행각을 벌이고 녀석과 함께 도망쳐버린 딸을 어떻게 용서해야 하나요?
- 공휴일만 되면 나에게 일거리를 맡기는 직장 상사를 어떻게 용서해야 하나요?
- 나를 해고시킨 직장 선배를 어떻게 용서해야 하나요?
- 집안 일이 있을 때마다 말실수로 친척들과 잘 어울리지 못하는 아내를 어떻게 용서해야 하나요?
- 자기 의에 빠져있는 우리 교회를 어떻게 용서해야 하나요?
- 스스로를 용납하지 못하는 나 자신을 어떻게 용서해야 하나요?

위에 적은 목록은 내가 목회자로서 받는 질문들 중 아주 몇 가지에 불과하다. 이러한 질문들은 아주 착실한 그리스도인들에게 용서에 대한 큰 부담감을 가져다주며 좀처럼 갈피를 잡을 수 없게 만들고 어디에서부터 실마리를 풀어야 할지 모르게 한다. "예수께서는 우리에게 용서하라고 가르치셨잖아요!"라고 말하는 것은 별로 도움이 되지도 않을 뿐만 아니라, 그들을 더욱 화나게 한다.

사람들은 무시하고, 야비하고, 바보같이 만들고, 분별력 없게 만들고, 갈등을 야기 시키고, 힘을 남용하고, 얼굴에 독기가 오르게 함으로써 우리를 괴롭히고, 아프게 하고, 상처를 주고, 죄의식을 갖게 한다. 사람이 우리를 이런 식으로 만들어 간다는 것은 아주 끔찍한 소리처럼 들리겠지만, 이는 실제 상황이다. 그리고 우리는 일흔 번씩 일곱 번 이라도 용서를 해야 할 의무를 갖고 있다. 이는 일흔 번씩 일곱 번 그러니까 사백하고도 구십 번을 용서해야 하는 것이다! 도대체 누가 그런 걸 다 세면서 살아간단 말인가?

때때로 너그러이 용서하는 마음을 갖고 기분 좋게 살아가는 날도 있다. 그러나 종종 도저히 용서가 안 되어 전전긍긍하는 날들을 보내기도 한다. 우리는 일상에서 매우 다양한 사건들을 마주한다. 어떤 것은 아주 사소하고, 어떤 것은 우리 존재의 한 가운데에 있고, 어떤 것은 다시 돌이킬 수 없을 만큼 우리의 인생행로를 바꾸어놓기도 한다. 어떤 것은 겨자씨만큼 작아 보인다. 그러나 문제는 일과 사건의 크기가 아니다. 이렇듯 해결되지 않은 삶의 작고 큰 문제들은 우리의 평화를 앗아가며, 우리가 그리스도 안에서 누리고 싶어하는 삶의 기쁨을 파괴해버린다.

이 책에 있는 일곱 가지 주제들은 여러분이 처한 상황에서 과연 용서가 무엇을 뜻하는지 질문하고 토론하게 하는 공개 초청장이다. 용서에 대하여 깊이 생각할 수 있는 그룹에 참여함으로써, 우리는 자신을 꼼짝달싹 할 수 없게 만들었던 외로움을 떨쳐낼 수 있을 것이다. 또한, 각자가 가진 장점과 통찰력들을 주변에 있는 공동체와 함께 나눔으로 많은 격려를 받을 수 있을 것이다. 나는 용서의 과정을 따라 사는 기독교 공동체의 가능한 역할에 대해 다음의 세 가지 의견을 함께 나누고 싶다.

1. 전신자의 제사장직 priesthood of all believers(벧전2:9, 계1:6 전통적으로 사용해온 '만인제사장설' 이란 번역은 적절한 표현이 아니므로 이곳에서는 전

신자 제사장으로 번역하였다―옮긴이주): 하나님의 영은 몸 안에 계신다고 알려져 있다. 고전 12장 참조 물론 성령님께서는 우리 생명을 하나하나 어루만져주시지만, 성서는 교회의 생명력 안에서 활동하시는 성령님의 사역에 강조점을 두고 있다. 고전 10장과 13장 이러한 성서를 근거로 볼 때, 믿음의 공동체는 힘, 후원, 분변의 깊은 원천이다. 공동체 내에서 그룹이 문제들을 다루며 실현해나가는 과정은 하나님의 뜻이 무엇인지 알기를 원할 때, 우리를 통해 그리고 우리 안에서 활동하시는 하나님의 신비를 표현해내는 일반적인 방법이다. 이것은 용서라는 문제에도 그대로 적용된다. 마18:15~20 참조

2. **고백 confession:** 각자의 이야기를 나누는 것은 종종 고백의 시간이 되기도 한다. 우리 자신의 문제가 무엇인지 소리 내어 말하는 것과 다른 사람에게 문제가 무엇인지 설명하려는 노력은 본질적인 쟁점이 무엇인지 명확하게 볼 수 있는 능력을 배양한다. 우리 자신이 벌이는 싸움에 대해 이야기 하면서 나누는 고백은 우리가 겪고 있는 사건 및 문제의 핵심이 무엇인지 분명하게 보게 해주며, 하나님께서 우리의 삶 속에서 어떻게 일하고 계신지 볼 수 있도록 우리의 마음을 열어준다.

이야기보따리를 풀어 놓을 때 우리는 설명을 위해 우리가 사용하는 언어와 감정에 충실해야 한다. 다른 사람의 이야기를 들을 때, 우리는 말하는 사람의 문제를 해결해주려고 하거나 어떤 좋은 생각을 추천해주고 싶은 욕망을 경계해야 하며, 말하는 사람이 문제와

더불어 싸우는 동안 다른 사람이 하는 말들이 무엇인지 인내하며 들어야만 한다. 우리 자신 안에 존재하는 그 뭔가를 변화시키기가 얼마나 힘든지 안다면, 다른 사람들의 반응에 더 깊이 공감하게 된다.

3. 안식처 성소, sanctuary: 안식처라는 단어는 안전과 피난의 자리일 뿐 아니라 거룩한 공간이라는 이중적 의미를 갖고 있다. 하나님의 뜻과 조화를 이루는 화해의 실현은 거룩한 시도이자 노력이다. 토론 그룹은 사람을 위한 안식처가 되어야 한다. 그 안식처에서 나눈 이야기는 단순히 어떤 사람에 대한 이야기가 아니다. 토론을 위한 지침으로써 이 책에는 용서의 실행과 관련된 감정적 만족을 얻는 과정에서 발생하는 폭풍우라는 은유를 사용할 것이다. 당황스럽고도 고통스러운 사건에 마음을 열도록 초청할 때 아마도 여러분은 스트레스를 많이 받는 상황으로 들어가게 될 것이다. 다른 사람을 이해하고 후원하는 것은 사람에게 능력을 부여하는 행위이다. 이러한 이유 때문에 용서의 과정 중에 발생하는 안식처와 안전과 거룩한 본성제에 대하여 경계를 늦추지 말아야 한다.

팀 엘리아스
위니펙, 마니토바에서 / 홈스트릿 메노나이트 교회 목사

　윌마 덕슨과 나는 메노나이트 출판사에서 함께 기자로 일하면
서, 수많은 교회, 노회 및 총회강 열리는 모임을 방문해야 했다. 한
번은 총회에서, 교회의 대표 위원회가 어떤 특정 인물에게 깊은 상
처를 준 아주 오래전의 갈등을 다루게 되었다. 행사가 끝난 후 우리
가 이 이슈에 대하여 의논하고 문제를 심층해부하면서, 나는 관련
된 사람이 여전히 이 문제를 꺼려할 것이라는 의미로 "아마도 이런
상처를 받았다면 용서하기 힘들겠는 걸?"하며 윌마에게 말을 건넸
다. 이 말을 들은 윌마는 일을 멈추고 나를 쳐다보더니, "만약 내가
내 딸을 죽인 그 사람을 용서해야 한다면, 이 사람도 용서할 수 있
을 거야"라고 말하였다.

　윌마의 말은 내가 통상적으로 생각해오던 방식을 멈춰 세웠다.
그리고 거의 20년이 지난 지금도 여전히 나의 기억 속에 자리하여
엄청난 능력을 행사하고 있다. 윌마 덕슨은 경험을 통해 용서가 얼
마나 어려운 것인지 아주 잘 아는 사람이다. 그녀는 왜 우리가 눈에
가시 같은 사람을 쳐다보기조차 꺼려하는지 그리고 왜 용서하길 원
치 않는지 잘 안다. 그녀는 용서한다는 것이 얼마나 고통스럽고 힘
들고 끔찍한 일인지 잘 알고 있으며, 동시에 그리스도인에게 용서
는 매우 중요한 일이라고 믿고 있다.

　이 책은 용서에 관한 신학적 보고서가 아닌 실생활에 도움을 주

기 위한 실용서다. 윌마 덕슨에게는 용서의 본질과 관련된 아주 흥미로운 이야기와 깊은 통찰력이 있으며, 이 책은 그 용서에 관한 이야기다. 윌마는 그리스도인들은 용서해야만 한다는 기본 전제와 함께 이 책을 시작한다. 그리고 당신이 어떻게 그것을 실천할 수 있을지 보여준다.

그녀는 당신이 용서하길 원하며, 미룰 필요 없이 지금 당장 용서할 수 있다고 믿는다. 이 과정은 7주 동안 사용할 수 있도록 짜여져 있다. 그렇지만 7주의 과정이 끝나자마자 모든 용서의 과정 또한 끝나리라고 생각하지는 않는다. 당신이 걷게 될 용서의 여정은 아마 7일 만에 끝이 날 수도 있고 어쩌면 7년이 걸릴지도 모른다. 당신이 용서를 하기 위해 걷는 과정이 어떻든 간에 우리는 비슷한 여정을 따라가는 사람의 이야기들이 당신을 격려하고 많은 영감을 줄 것이라 믿어 의심치 않는다.

브렌다 수더만
캐나다 마니토바 주 위니펙에서 / 기자이면서 편집자

1984년 나의 딸 캔디스Candace가 살해되었을 때, 남편과 나는 폭력이 몰고 온 공포들 및 사법 재판의 유혹이 우리를 삼켜버리지 않기를 희망하며 "용서"라는 단어를 선택하였다. 그러나 나는 마치 용서가 아주 쉬운 일인 것처럼 "그냥 용서하면 되잖아"라고 말하는 사람들에게는 즉각 분노를 표출하였다.

딸이 살해된 지 4년이 지난 후에, 나는 아이를 잃은 부모들로 구성된 모임에 가입하였다. 이들에게 용서forgiveness라는 말은 그 어떤 상스런 욕보다도 더 견디기 어려운 단어였다.

어느 날 저녁, 아이를 잃은 한 젊은 아버지가 매우 흥분된 모습으로 우리 모임에 참석하였다. 그러나 그는 자신의 인생에 무슨 일이 일어났는지 말로 정확하게 표현하지 못했다. 마침내 그는 자신 안에 있는 것을 드러내게 되었다. 그는 자신의 술 문제를 해결하려고 어떤 프로그램에 속해 있었는데, 그 프로그램은 만약 그가 용서만 할 수 있다면 그가 충분히 치유 받을 수 있을 것이라고 했다. 그는 이 말이 얼마나 견디기 힘든 것인지 뼈저리게 알고 있었다. 그래서 한 번도 용서에 대하여 공개적으로 토론해본 적이 없는 우리 그룹은 다른 사람에게 어떻게든 용서하도록 강요받은 경험이 있었는지에 대하여 각자의 이야기를 나누었다.

때로 사람은 범죄를 저질렀을 때보다도 용서를 하지 않는 것이 더 잘못된 것이라는 느낌을 받는다고 한다.

"내가 용서하고 싶어 하는 것을 그들이 알지 못한단 말인가?"라고 그 젊은 아버지는 질문하듯 말을 이어갔다. "그들은 내가 정말로 이러한 모습으로 살기 원한다고 생각하는 것일까요? 어떻게 용서해야 하는지 정말 모르겠어요"라고 말했다.

그 이후 나는 늘 이 질문에 올바르게 답하려는 노력을 기울여왔다. 처음에 나는 용서가 선택의 문제라고 생각하였지만, 곧 용서에는 더욱 복잡하고 까다로운 문제가 도사리고 있다는 것을 깨달았다. 용서는 희생과 노력과 시간 그리고 더 많은 희생을 필요로 한다.

결국 나는 우리 중 어느 누구도 다른 사람에게 용서하라고 요구할 권리가 없다는 결론에 이르렀다. 그리스도께서 십자가에서 궁극적인 희생을 치르셨기 때문에 다른 사람에게 용서하라고 요구할 수 있는 분은 오직 하나님뿐이시라는 것이 나의 결론이다.

그러면 어떻게 용서를 해야 하는가? 어떻게 그룹에서 용서의 문제를 다루도록 가르칠 수 있을까? 정말로 어떻게 용서할 수 있도록 용기를 주고, 동기를 부여하며, 자료를 찾을 수 있을까? 이를 위해 나는 '이야기 나누기'라는 방법을 제시한다.

용서라는 주제를 다루기 위한 이 안내서의 목적은 믿는 사람이 친밀하고 솔직하게 이야기할 수 있는 환경을 만들어 가도록 돕기 위함이며 그 결과 용서에 대한 이야기를 풀어놓고, 이야기들을 통해 마술처럼 그들의 아픔이 치유되길 기대한다.

사실 '이야기 나누기'는 유대인들과 예수께서 선택하셨던 가르침의 방법이다. 그것은 아주 도전적인 방법이며 우리를 이야기 속으로 끌어들인다. 그러나 그것은 단지 우리가 자신을 열어 놓으며 우리 자신의 삶을 투명하게 보고자 원하는 과정 즉 '이야기 나누기' 속으로 들어갈 때에만 유효하다. 이 이야기를 나누는 과정은 용서의 메시지를 통해 다른 사람과 우리를 통하게 해준다.

윌마 덕슨
캐나다 마나토바 주 위니펙에서 / '피해자의 목소리' 코디네이터

❖❖❖그룹 연구를 위한 지침

한 잔의 커피로 긴장을 풀라. 그리고 리더로서 어떻게 하면 다음의 일곱 과를 가장 효과적으로 이끌어갈 수 있을지 이야기 해보라.

'이야기 나누기' 방식이란?

용서의 과정은 사실 머리의 문제만이 아니다. 그것은 가슴의 문제를 포함한다. 용서의 문제가 생기면 우리는 차분히 앉아 있을 수 없고, 용서를 위해 밟아야할 열 가지의 단계를 이성적으로 따라갈 수도 없다. 용서가 그렇게 쉽게 일어나는 것도 아니다. 용서는 파악하기 힘든 존재로 명쾌하게 규정하기 어렵다. 나는 워싱턴Wasington D.C.의 첫번째 '용서 컨퍼런스'에서 이 사실을 뼈저리게 느꼈다. 학문적으로 용서에 관한 최고의 모임이라 매력은 있었다. 하지만, 컨퍼런스 마지막 순간에 우리는 그 어느 누구도 만족할 만한 방식으로 용서를 정의한다는 것은 가능하지 않을 뿐 아니라, 모든 사람에게 적용할 수 있는 용서의 과정에 대한 윤곽을 잡는 것조차 불가능하다는 것을 알게 되었다.

이 책에 포함된 모든 시범 프로젝트를 통해 분명하게 드러난 한 가지가 있다면, 그것은 이야기 나누기에 참여한 모든 사람에게 나타난 엄청난 위력이다. 캐나다 위니펙의 홈스트릿 메노나이트 교회에서 시행된 첫 번째 일요일 모임에는 약 20명의 사람이 이야기 나누기에 참여하였다. 그 모임에 참석했던 사람은 모두 큰 감동을 받았다. 나누어진 모든 이야기는 가족에 관한 이슈가 중심을 이루었다. 이야기들을 통해 우리는 상당히 고무되기도 하였고 굉장한 충격을 받기도 했다. 그때 모임에 참여했던 모든 사람이 가졌던 느낌은 '어떻게 용서할 것인가?'에 대해 배우고자 하는 열망과 필요에 있어서 혼자가 아니라는 점이었다. 메노나이트 중앙 위원회MCC의 시범 프로젝트에서, 우리는 '이야기 나누기' 방법을 사용하였다. 이야기들은 다채로웠고 개인적이며 친밀감이 있었다. 듣기조차 매우 고통스러운 이야기도 있었고, 고통을 멋지게 극복한 이야기도 있었는데, 이 때 나눈 이야기들을 잊을 수 없다. 이야기는 우리 모두를 변화시켰다. 캐나다 위니펙의 리버 이스트 메노나이트 형제교회에서 모임을 가졌을 때는 약 30에서 50명 정도가 참석하였고 오랜 시간 딱딱한 장의자에 앉아 이야기를 나눈 것을 비롯하여, 여러모로 아주 힘든 모임이었다. 이 모임에서는 이야기를 나았음에도 전혀 친밀감을 느끼지 못했다. 비록 분위기는 탐탁지 않았지만, 참여했던 모든 사람에게 공식적으로 큰 교훈을 남겨준 두 가지의 이야기가 드러났다.

무엇인가 평가하려는 분위기 속에서는 배우기가 쉽지 않다. 반면에, 이야기 나눔이라는 방식은 여전히 삶을 변화게 할 수 있다는 분명한 장점이 있다.

'이야기 나누기'라는 방식은 이러한 과정에 함께 참여했던 그룹 그리고 그 그룹 속에서 이야기를 풀어놓는 사람의 비밀 보장 및 신뢰를 필요로 한다. 그룹과 개인을 보호하기 위한 이러한 비밀보장과 신뢰 형성과정은 "어떻게 용서를 할 수 있나요?"라는 질문에 답을 해나가도록 도움을 준다. "어떻게"라는 질문, 즉 방법론에 관한 질문이 갖는 문제 중의 하나는 모든 갈등과 모든 문제가 독특함에도, "어떻게 용서를 해야 하는가?"에 대한 답을 일반화시킬 수 있고 따라서 개인이 겪은 그들만의 고통과 어려움을 모욕하는 결과를 초래할 수 있다는 점이다. 그러나 이야기를 다섯 명이나 혹은 그 이상의 구성원이 듣고 나면 그룹 구성원들이 지혜를 모아 문제 해결을 위한 비결, 다양한 자원, 묵상 등을 통해 항상 필요로 하는 후원의 길로 연결될 수 있다. 어떤 사람이 짤막짤막하게 던지는 의견들이 때때로 이야기를 풀어놓은 사람에게 뜻밖의 새로운 빛을 비추어 주거나 전체의 삶을 재구성할 수 있도록 도와주기도 한다.

또한 개인적인 이야기들이 용서할 수 있도록 용기를 강화시켜주기도 한다. 우리는 다음 과정이 어디로 흘러가야 하는지를 분명히 알고 있음에도 용기가 없어서 아는 바를 실행에 옮기지 못하는 때가 많다. 용서를 통해 갈등 해결을 경험한 사람의 이야기는 그 그룹에 대단한 용기와 낙천성 그리고 협동정신을 갖게 해 준다. "우리는 어떤 문제라도 마주 대할 수 있다"라는 정신이 바로 그것이다. 이러한 개념과 함께 씨름하고 있거나, 작은 승리들을 맛 본 우리 주변의 사람의 이야기들은 우리 자신의 문제를 효과적으로 다루도록 고무시킨다. 그러므로 이 책을 일곱 과로 구성한 것은 용서의 과정이 너무 많아서가 아니라, 나눈 이야기를 정리하면서 이해하기 쉽게 구성한 것으로 받아들이면 좋을 것이다.

당신이 리더라면 '이야기 나누기' 모델혹은 이러한 나눔을 자연스럽게 할 수 있는 파트너이 필요할 것이다. 이야기를 나누게 될 사람을 위해 당신은 책과는 다른 주제를 정하여 이야기를 나누거나, 각 과를 진행해나가면서 책에 제시된 내용을 나누도록 초청하면 될 것이다.

이 안내책자에 실려 있는 이야기들은 사람이 자연스럽게 참여하도록 준비시키기 위함이다. 더 많은 이야기와 더 많은 개인적인 이야기를 발견하면 훨씬 훌륭한 모임이 될 것이다. 참여한 사람에게 자신의 이야기를 자유롭게 나누도록 그룹을 격려하며, 함께 나눈 이야기들이 얼마나 아름답고 귀한 이야기인지 인정해주는 것도 좋을 것이다.

이 책에 기록된 요셉의 이야기는 요셉에게 일어났던 일들을 당신 자신의 상상력으로 해석해 보도록 재구성한 것이다. 요셉의 이야기는 아주 탁월한 용서 이야기이다. 폭력과 생존이라는 악천후 속에서도 요셉은 열 명의 형제들을 자기에게 다가오도록 하였고, 성숙한 리더십으로 설 수 있도록 그들을 도와주었고, 그들과 하나가 되었다. 요셉이 진지하게 씨름 해야 했던 모든 이슈들은 '요셉의 이야기'에 자세히 기록되어 있다. 어떤 사람은 그가 항상 눈물과 함께 인생을 보냈다는 인상을 가질 수 있을 것이다. 이러한 상황에서 요셉의 이야기를 나누는 목적은 역사적 정확성에 집중하기 위함이 아니라, 그의 인생에 얽힌 이야기를 솔직하게 나누기 위함이다. 만약 당신이 요셉처럼 구덩이 바닥으로 내던져졌다면 어떤 느낌을 갖겠는가? 우리가 배울 수 있는 것으로써 그가 보여준 용서의 모델에서 우리가 뭔가 배우고자 한다면 어떻게 요셉의 경험을 실제화 할 수 있을까? 당신이 속한 그룹에서 각자의 방식으로 요셉 이야기를 재해석하는 것은 현재 처한 상황을 이해하는 데 큰 도움이 될 것이다.

그룹 크기

한 반으로 모이게 될 그룹의 크기는 당신이 어떻게 각 과들을 가르치는가 하는 문제를 결정한다. 각 과는 이야기 나누기와 토론으로 연결되기 때문에 작고 개인적 친밀감을 느낄 수 있어야 한다. 따라서 그룹 크기는 이야기 나누기, 모델링, 고백과 격려를 통해 용서를 경험하고 가르치려는 목적에 가장 적합한 규모여야 한다. 만약 한 그룹에 열 명 이상 모이면, 용서의 모델과 열린 마음을 증진시키기 위해 당신 자신의 경험에 초점을 맞추면서, 교재의 내용에 대하여 배우고 그 내용을 공식적으로 설명하는 데 더욱 더 많은 시간을 할애해야 할 것이다.

안전한 환경 조성하기

우선 안전한 공간을 만들기 전까지 숨김없이 자신의 이야기를 털어 놓는 것이 얼마나 상처입기 쉬운 행위인가 알 필요가 있다. 어떤 사람이 당신에게 아주 개인적인 이야기를 털어놓았다면, 리더로서 당신은 이야기를 들은 모든 사람에게 비밀을 보장하도록 권유해야 한다.

만약 모임이 끝난 후에도 이야기를 더 하고 싶어 하는 사람이 있다면, 영적인 상담이나 사람의 이야기를 들어 줄 수 있는 은사를 가진 사람을 정해 놓는 것이 좋다.

각 과를 소개할 때에 최소한 한 번은 성령의 인도하심과 자신의 감정적 뇌관에 무관심하지 않도록 세심한 주의와 함께 마음을 열도록 격려하라. 자신의 개인적 탐험을 위해 용기를 가지되 자신을 잘 돌아보도록 격려하라. 만약 우는 사람이 있으면, 편히 울 수 있는 시간과 공간을 배려해 주고, 모임에 참여한 각 사람에게 그룹을 잠시 떠나있다 돌아와도 괜찮다는 사실을 확인해주는 것도 좋을 것이다.

감정이 폭발했을 때 이를 해결할 필요한 물품들을 비치해 두는 것도 좋을 것이다. 만약에 어떤 사람이 눈물을 흘릴 때, 그룹에 있는 사람이 티슈를 건네준다면 그 사람을 위로하는 중요한 행위가 될 것이다.

각 과의 내용 사용하기

각 과는 주일학교에서 사용할 수 있도록 시간을 짜임새 있게 구성해 놓았다. 만약 시간이 충분하다면, 보다 천천히 여유를 두고 토론을 진행하면 좋을 것이다. 주어진 환경과 모임의 성격에 따라 속도를 조절하면 좋을 것이다.

매번 모임을 시작할 때마다 소개의 시간을 갖는 것은 매우 중요하다. 모임을 시작하면서 처음 몇 분 동안에는 각 사람을 환영하도록 하며, 모임의 주제가 무엇인지 소개하면 모두에게 도움이 된다. 모임에 처음 나온 사람이 있으면 지난 시간에 무엇을 토론하였는지 간단하게 요약정리를 해주는 것도 좋을 것이다. 사람이 생각하는 공통의 주제에 대해 이야기하면서 모임을 시작할 수 있다면 정말로 좋을 것이다. 만약에 지난밤에 엄청난 눈보라가 엄습했다면, 그것이 어떤 것이었는지 자연스럽게 언급하라. 그룹 안에서 함께 다루기 곤란한 문제가 있다는 사실을 인정하는 것은 매우 중요하며, 억지로 그 문제를 다루기 보다는 문제를 내버려 둘 수도 있어야 한다.

첫 모임에서는 유년기 시절에 대한 개인적 이야기와 함께 시작하는 것이 좋다. 또는, 여러분 자신의 삶 속에 필적할 만한 어떤 사건이 있었다면 그러한 이야기와 함께 시작해도 좋을 것이다.

요셉의 이야기는 용서에 대한 이해의 기본이 되는 이야기이다. 이 책의 각 과에 기록되어 있는 대로 이야기를 진행해나가기 원한다면 이야기를 복사해서 나누어 주거나 자신의 방식대로 표현하여 이야기로 들려주는 것도 좋을 것이다. 최상의 방법은 모임에 참여한 사람을 그 이야기로 초대하여 자신들의 장점을 이야기하게 하는 것이다. 참여한 사람에게 일정 분량을 읽게 하고 그들이 전통적으로 공부한 방식을 따라 읽은 성서 말씀의 의미가 무엇인지 찾아보게 하라.

질문은 토론을 진행하기 위한 제안이다. 토론을 진행할 때에 전문가가 되고자 하는 유혹을 떨쳐버려라. 그리고 모임에 참여한 사람이 자신이 스스로 질문을 던지고 그것이 의미하는 것이 무엇인지 찾아보도록 배려하는 것도 필요하다. 만약 시간이 있다면, 용서할 수 있는 능력이 있든지 아니면 용서와 직접 대면하기 위한 도움이 필요하든지 간에 자신의 이야기를 나누도록 초청하고 순서대로 돌아가며 이야기하도록 시도해 보는 것도 좋을 것이다.

부록의 이야기들은 토론의 내용으로 혹은 함께 생각해볼 만한 내용으로 모임에서 읽어볼 수 있게 준비한 것이다.

매 시간 모임을 마무리하면서 반복해서 기도를 드리도록 각 장의 끝에 주기도를 실어 놓았다. 사람이 모임을 떠나기 전에 함께 기도함으로써 참가자 자신을 기도의 중심에 두도록 하라.

모임을 폐하기 전

다음 모임 전까지 개인적으로 뭔가 할 수 있는 일을 제안하라. 현재 진행되고 있는 한 가지 이야기를 프린트해서 나누어 주도록 하라. 만약 자연스러운 상황이고 시간이 남으면 이 이야기에 대해 잠시 토론을 해도 좋을 것이다. 매번 모임은 마태복음 6장 9~13절의 주기도문으로 함께 기도하면서 마치도록 하라.

하늘에 계신 우리 아버지,
아버지의 이름을 거룩하게 하시며
아버지의 나라가 오게 하시며,
아버지의 뜻이 하늘에서와 같이

땅에서도 이루어지게 하소서.

오늘 우리에게 일용할 양식을 주시고,

우리가 우리에게 잘못한 사람을 용서하여 준 것같이

우리 죄를 용서하여 주시고,

우리를 시험에 빠지지 않게 하시고

악에서 구하소서.

나라와 권능과 영광이 영원히 아버지의 것입니다.

아멘.

〈모임의 순서도〉

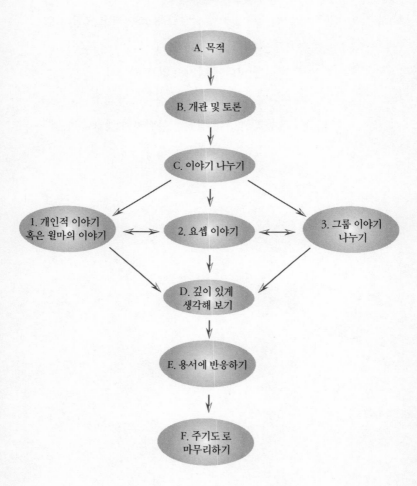

A. 목적

B. 개관 및 토론

C. 이야기 나누기

1. 개인적 이야기 혹은 윌마의 이야기 ↔ 2. 요셉 이야기 ↔ 3. 그룹 이야기 나누기

D. 깊이 있게 생각해 보기

E. 용서에 반응하기

F. 주기도로 마무리하기

엄청난 바람

용서를 위한
환경이란 무엇인가?

What is the
enviroment in
which I forgive?

엄청난 바람
용서를 위한 환경이란 무엇인가?

리더를 위한 메모

이 과는 용서에 관심있지만 나누기 힘든 내용을 토론하고자, 7 주 혹은 그 이상의 기간 동안 헌신하려는 그룹과 사람이 있다는 사실을 전제한다. 모임에 참석한 모든 사람이 자신의 이야기를 안전하게 나누도록 소개하는 시간을 가져라.

비록 30명 이상이 될 정도로 그룹이 크더라도 뭔가를 가르치려 하기보다는 각 사람을 소개하는 시간을 갖는 것이 아주 중요하다. 이러한 환경에서, 어떠한 형태로 각 사람을 소개하는 것이 적절한지 평가해보는 것은 필수다. 만약 그룹이 정식 모임을 갖기 전에 함께 한 적이 있다. 조금 특이한 방법으로 각 사람을 다시 소개하도록 하라. "나는 누구인가?" 혹은 "우리는 어떤 사람인가?"라는 아주 단순한 질문은 여러 가지 다른 방식으로 답이 될 수 있다. 때때로 동기부여가 이름, 관계, 성취보다 더 중요할 수 있다. 어떤 사람은 "나에게 당신의 직업이 무엇인지 말하지 말고 당신이 무엇을 사랑하는지 말해주세요"라고 요구한다. 또 어떤 사람은 "당신을 편안하고 안전하게 느끼게 해주는 것은 무엇인가?"라고 질문할 수도 있을 것이다.

리더로서, 다른 사람에게 묻기 전에 자신이 먼저 대답해 보고, 원하는 목소리와 정직함에 있어서도 당신이 다른 사람의 모델이 되라. 이야기의 전후좌우를 살피면서 그 이야기의 적절성에 대하여 생각해 보라.

A. 목적

이번 장은 두 개의 목적을 갖고 있다. 첫 번째 목적은 참여한 사람이 서로 잘 알게 하여 그룹 안에서 공동체에 소속되어 있다는 느낌과 후원을 받고 있다는 느낌을 받도록 하는 것이며, 두 번째 목적은 하나님께서 선택한 사람에게도 얼마든지 갈등이 생겨날 수 있음을 인정하는 것이다.

B. 개관 및 토론

엄청난 바람이 불기 전 아침에는 아주 신선한 향기를 실어오는 미풍과, 낮에는 비교적 따뜻한 바람이, 그리고 저녁에는 아주 상큼한 바람이 불어온다. 번개가 치고 이리저리 방향을 바꾸는 돌풍이 생겨나고, 그 강도가 점점 세지는 것은 아주 익숙한 정경이다. 우리의 인생도 마찬가지이다. 용서에 대한 토론을 시작하면서 우리는 우리 인생에 어떤 휘몰아치는 바람을 이해할 필요가 있다. 하나님을 믿고 자신의 경험을 말로 표현할 수 있는 친구들로 공동체를 이

룬 사람은 인생에 찾아드는 이러한 폭풍을 대함에 있어 엄청난 자원을 가진 사람이다.

당신의 그룹이 좋은 분위기를 창조할 수 있도록 충분한 시간을 갖고 첫 번째 시간을 보내도록 하라. 사람에게 개인적인 이야기, 실제 상황을 예로 든 이야기, 그리고 요셉의 이야기라는 삼색 실을 꼬아 아름다운 재료를 만들어 보도록 소개하라. 그룹에 따라 이러한 실들 중 어떤 것에 가장 많은 사람이 관심을 두고 참여하고 싶어 하는지 잘 살펴보라.

토론을 위한 질문

1. 용서의 사람이 되도록 당신에게 도움이 되는 자원이 있다면 무엇인가?

2. 당신을 용서의 사람이 되지 못하게 막는 골칫거리들은 무엇인가?

3. 당신의 삶에서 용서가 가장 쉽게 이루어진 곳은 어디인가?

C. 이야기 나누기

토론에 앞서 깊게 하도록 다음의 이야기나 부록의 이야기들을 통해 사람의 관심을 집중시키라.

1. 믿음의 가정에서 사랑받으며 자란 아이

교회는 재미있었습니다. 나는 아버지께서 늘 즐겨 앉으시는 교회 왼편 앞의 네 번째 줄에 아버지와 앉아 예배드리는 것을 좋아했습니다. 아버지는 초등부 남자아이들을 담당하는 주일학교 선생님이셨는데 아이들이 장난을 칠 때 그들의 어깨를 톡톡 치며 주의를 줄 수 있을만한 거리에 앉아계시곤 했습니다.

설교가 얼마나 지루했던가는 나에게 별로 문제가 되지 않았습니다. 왜냐하면, 나는 항상 손에 노란색 연필을 쥐고 놀 수 있는 서른 가지나 되는 색다른 놀이 방법으로 시간을 요리할 수 있었기 때문입니다. 우선 연필을 이쪽저쪽 귀 뒤에 꽂았다가, 다음에는 입으로, 다음에는 턱으로, 옆구리로 그리고는 손가락 사이로 연필을 굴리며 놀았습니다. 그러나 내가 정말로 원했던 것은 교회 오른 편 장의자에 친구들과 함께 앉아 있는 나의 언니들처럼 내 친구들과 함께 앉는 것이었습니다. 언니와 친구들은 뭐가 그리 즐거운지 항상 재미있는 표정을 하고 있었습니다.

결국 나도 몇 살 더 먹게 되면서 내 친구들과 함께 앞줄에 앉아서 예배를 드릴 수 있게 되었습니다. 나는 처음으로 우리가 성서에 있는 아가서를 읽으면서 낄낄 거렸던 어느 주일 아침의 일을 잊을 수 없습니다. 한참 낄낄 대다가 고개를 들어 위를 쳐다보았을 때, 강대상 바로 뒤에 서있는 사람과 자리에서 일어나 우리를 내려다보고 있는 장로님들이 눈에 들어왔습니다. 그 때가 바로 내가 표현하고 싶어 하는 바로 그 느낌의 그 순간입니다. 나를 내려다보고 있는 그들 앞에서 나는 여자임을 느끼게 되었습니다.

나는 무안해서 고개를 숙이며 슬쩍 뒤를 돌아다보았습니다. 그때 어린 아이를 앉고 자모실에서 아이들을 보고 있는 엄마들이 내 눈에 들어왔습니다. 그 순간 아기들을 꼭 껴안고 그들과 함께 노는 여인들의 모습이 더 재밌는 모습으로 비쳐졌습니다. 그러나 엄마들은 저 뒤편에 앉아있고 남자들은 맨 앞줄들을 차지하고 있다는 생각이 문득 들며 나를 괴롭히게 되었습니다. 왜냐하면, 그것은 마치 여자들보다 남자들이 더 중요한 사람인 것 같은 인상을 내게 심어 주었기 때문입니다. 그 순간 나는 이상야릇하지만, 아주 분명한 슬픔을 느끼게 되었습니다.

어느 일요일, 교회에서 경험한 일입니다. 나는 모든 사람이 동등하게 창조되었고 하나님께서 우리를 똑같이 사랑하시며 우리는 모두 하나님께서 사랑하는 사람이라는 내용의 설교를 듣게 되었습니다.

하나님은 사랑이시며 나 역시 하나님의 사랑을 받고 있었지만, 그 설교를 어떻게 이해해야할지 종잡을 수 없었습니다.

2. 요셉의 이야기: 색동옷을 입은 아이창37:1~11

요셉은 정말로 좋은 환경 속에서 태어났습니다. 아버지의 사랑을 받은 아내 라헬이 그토록 소원했던 첫 번째 아들이었습니다. 아버지 야곱이 라헬을 만났을 때, 그것은 첫 눈에 반해서 죽고 못 사는 그런 사랑이었음을 우리는 익히 알고 있습니다. 라헬은 보기 드문 미모의 여인이었을 뿐만 아니라 사랑스런 마음까지 소유한 여인이었습니다.

그래서인지 요셉은 태어나던 그 첫 순간부터 특별한 아이였습니다. 그는 매우 총명했고, 엄청난 재능을 가졌고, 매력적으로 생긴 아이였습니다. 나이를 먹어가면서 그는 아주 훌륭한 매니저, 그다지 노력을 하지 않아도 되는 대단한 리더, 아주 지혜로운 조언자, 영적인 통찰력과 관대한 인격을 소유한 사람이 되었습니다. 그러나 요셉이 처한 환경 속에서 사랑받는 아이가 되는 것은 매우 위험천만한 일이었습니다. 아벨이 하나님의 사랑을 받았다는 이유 때문에 형 가인에 의해 죽임을 당한 것처럼, 요셉도 사실 사랑을 받았다는 이유 때문에 두 번 씩이나 도망을 가야 했습니다. 한 번은 어머니의 사랑을 너무 많이 받고 있다는 사실 때문이었고, 또 한 번은 하나님의 사랑을 받았기 때문이었습니다. 사랑 받는 아이를 둘러싸고 있는 축복들은 똑같은 사랑을 받기 원하고 경제적인 성공과 안전을 보장 받기 원하는 다른 아이들, 특히 형제, 자매에게 엄청난 경쟁과 라이벌 의식을 갖게 만들었습니다.

야곱은 요셉을 향한 그의 특별한 사랑이 아주 위험한 것임을 잘 알고 있었습니다. 어렸을 적 요셉은 이렇다할 어려움을 겪지 않았지만, 그의 인생 중에 대부분의 슬픔은 형들의 경쟁의식 때문이었습니다. 갈등에 대하여 가슴을 열고 배우기를 원하는 사람이라면 그리고 조금이라도 생각이 있는 사람이라면, 어린 요셉에게 색동옷을 지어 입히는 것이 얼마나 엄청난 편애였는지 쉽게 알 수 있을 것입니다. 더 나아가 요셉에 대한 그러한 특별한 관심과 보호는 다른 형제들에게 공식적인 편애를 알리는 신호로 밖에 보이지 않았을 것입니다.

하나님께서 요셉에게 두 가지 꿈을 꾸게 한 것은 요셉이 열일곱 살 밖에 되지 않았던 때였습니다. 요셉은 자기의 꿈들을 아주 자유롭게 이야기 했습니다. 아마도 요셉은 그의 형들이 이러한 꿈을 어리석은 것으로 결론내리지 않고 심각하게 받아들인 것에 대하여 놀란 것 같습니다. 아마도 이 꿈들은 요셉이 자기의 가족을 위해 아주 중요한 구실을 하게 되리라고 예견하는 것 같았습니다. 그리 놀랄 일은 아니었지만, 형들과 아버지 모두가 이 꿈에 대하여 화를 내며 과민 반응을 보였습니다.

요셉이 성장하면서 이 꿈들은 아주 중요하고 강하게 인식되었는데 아마도 꿈에 대한 사람의 과민 반응 때문인듯 합니다. 후에 꿈을 해석하는 기술은 그의 가족을 구원하는 데 아주 필수적인 위치를 차지하는 것으로 기록됩니다. 이러한 꿈들은 요셉에게 일어날 일들이 무엇인지 준비시켜주었습니다.

1. 요셉이 갖고 있던 자신을 돕거나 방해하는 자원에는 어떤 것들이 있습니까?

2. 우리 인생 속에는 어떤 색동옷이 있습니까?

D. 깊이 있게 생각하기

우리는 모두 하나님의 사랑을 받는 자녀들이다.

사랑을 받는 아이로서 요셉은 엄청나게 많은 특별한 자원을 즐길 수 있었다. 편애를 받는 신분이 어떻게 시기의 대상으로 전환 되었는지 이해하는 것은 아주 쉽다.

하나님의 자녀로서, 우리는 하나님 앞에서 사랑받는 존재라는 신분을 포함한 수많은 자원을 즐기고 있다. 하나님은 우리를 당신의 자녀라고 선언하신다. 하나님의 자녀라고 부르면서, 우리를 향해 넘치고 후하게 베풀어 주시는 아버지의 사랑이 얼마나 큰가! 그것이 사랑을 받고 있는 우리의 현 주소이다.요일3:1 그러나 사랑을 받고 있는 우리 자신의 신분조차도 우리의 삶에서 빚어지는 갈등을 막지 못한다. 사실 하나님과 친밀한 관계를 갖는 은혜가 때때로 우리가 마주하는 갈등들을 더 악화시키기도 한다. 이러한 일들은 현실에서 얼마든지 가능하다.

성서는 편애 때문에 일어나는 갈등의 이야기들로 가득 차 있다. 가인과 아벨,창4:1~8 아브라함과 롯,창13:5~9 예수와 제자들,막8:1~33 그리고 바울과 바나바행15:36~39의 예는 단지 몇 가지에 불과하다.

E. 용서에 반응하기

모든 사람에게는 갈등이 있다. 우리는 이러한 갈등에 대해 의미 있는 방식으로 반응하도록 도움을 주는 많은 자료들을 갖고 있지만, 또 다른 한편 우리들이 건설적으로 반응하지 못하도록 막는 장애물들도 있다. 우리가 하나님의 특별한 자녀라는 사실, 예수의 가르침, 용서를 실행했던 경험들을 포함하여 어떻게 우리가 이러한 용서의 과정을 시작할 수 있을까에 대하여 이야기해 보자. 우리는 어떻게 용서하는가를 배움으로써 상처와 갈등을 지혜롭게 다루도록 우리 자신을 준비시킬 필요가 있다. 자신들이 경험하였거나 목격한 갈등에 대해 기록함으로써 용서의 일기를 쓰도록 제안하라. 그들이 다루기 가장 어려웠던 문제들이 어떤 것이었는지 표시해 두도록 하라. 그리고 다음 한 주간 동안 "용서를 위한 준비로써 당신이 가장 잘 사용하는 자원들은 무엇인가?"라는 질문을 깊이 생각해 보도록 제안하라.

F. 정리하기

토론을 마치고 둥그렇게 앉거나 혹은 다 함께 일어서서 조용하게 침묵의 시간을 가지라. 주님께서 가르쳐주신 기도로 모임을 끝내도록 하라. 마6:9~13

하늘에 계신 우리 아버지,
아버지의 이름을 거룩하게 하시며
아버지의 나라가 오게 하시며,
아버지의 뜻이 하늘에서와 같이
땅에서도 이루어지게 하소서.
오늘 우리에게 일용할 양식을 주시고,
우리가 우리에게 잘못한 사람을 용서하여 준 것같이
우리 죄를 용서하여 주시고,
우리를 시험에 빠지지 않게 하시고
악에서 구하소서.
나라와 권능과 영광이 영원히 아버지의 것입니다.
아멘.

제압

용서가 필요한 곳은
어디인가?

Where do I need
to forgive?

저기압
용서가 필요한 곳은 어디인가?

리더를 위한 메모

모임을 갖게 되는 장소에 둥그렇게 앉을 수 있도록 자리를 배치하고, 가능한 가까이 보고 앉을 수 있도록 준비하라. 그리고 모든 사람이 자신의 감정을 억누를 시간이 필요할 때, 잠깐이라도 자리를 비울 때, 출입이 어렵지 않도록 자리를 배치하라. 화장지를 가까이 두고 누구나 필요할 때 사용할 수 있도록 편리하고 눈에 띄는 장소에 놓아두라. 한 손으로 잡을 만한 적당한 크기의 정원석이나 매끈한 돌멩이를, 용서를 상징하는 돌로 사용하는 것은 좋은 아이디어가 될 것이다. 아래의 스케이트에 대한 이야기를 소개하고자 한다면, 시각적인 효과를 위해 한 켤레의 오래된 흰색 스케이트를 전시해 두는 것도 좋을 것이다.

A. 목적

이번 장의 목적은 용서하기 위한 장소들을 인지하고 그 과정을 받아들이기 위함이다.

B. 개관 및 토론

날씨가 저기압으로 바뀔 때를 보면 종종 하늘은 맑고, 바람은 온화하다. 그러나 이럴 때 사람은 폭풍우가 형성되고 있다는 것을 몸의 반응으로 느끼게 될 것이다.

각자가 가진 기압계는 특정한 사람에 의해 피해를 입었을 때 느낀 배신감, 상처, 고통 등 다가오는 폭풍우를 감지하기에 충분하다. 이러한 감정적인 폭풍우를 예견하면 오히려 불길한 예감과 염려가 몰려온다.

폭풍우가 다가올 때 이를 받아들이면서도 안전할 수 있는 환경을 창조해 나가라.

토론을 위한 질문

1. 당신이 경험한 느낌과 생각들은 무엇인가? 언제 기압계가 저기압으로 바뀌기 시작하는가?

2. 저기압으로 바뀌게 되는 상황과 신호에 어떤 것이 있는가?

3. 용서가 필요한 곳은 어디인가?

C. 순간을 파악하기

1. 중고 스케이트

감정의 반응은 예측이 불가능합니다. 언젠가 지하실에서 여러 박스를 정리하고 있었는데 아주 오래된 스케이트 한 켤레가 눈에 띄었습니다. 이 스케이트는 매주 월요일 내가 교회 친구들과 함께 스케이트를 타던 아름다운 과거의 추억으로 나를 데려가주었습니다.

그런데 갑자기 눈에 원인모를 눈물이 고였습니다. 이 스케이트를 보자마자 울음이 터진 것이었습니다. 도대체 왜 그런지 이해가 되질 않았습니다. 그래서 나는 스케이트를 놓아두고 다른 것들을 정리하였습니다. 다음날 나는 스케이트와 함께 버려야 할 물건들을 가지러 지하실로 내려갔습니다. 그런데 스케이트를 보자마자 또 눈물이 났습니다. 아마도 이 스케이트에 대해 아픈 추억같은 뭔가가 있었던 것 같았습니다.

그 당시 나는 두 아이를 가진 30대 엄마였고 단란한 가족과 함께 아주 행복한 삶을 살고 있었습니다. 나에게는 눈물을 흘리며 울어야할 아무런 일도 없었습니다. 결국 나는 과연 내가 울게 된 이유가 무엇일까 하고 원인을 찾아보기 시작했습니다. 한참 후 내가 울게 된 원인을 발견하고 나서 무척이나 놀랐습니다. 나는 셋째 딸이었고 내 뒤에는 바로 남동생이 있었는데 어렸을 때 나는 내가 중간에 끼여 있다는 사실을 무척이나 고통스러워했습니다.

부모님은 아주 좋은 분들이셨고 셋째 딸인 나에게 단 한번이라도 의도적으로 상처를 준적이 없었습니다. 그러나 그 스케이트는 내가 홀대당했다는 느낌을 상징적으로 보여주었습니다. 나는 두 명의 언니들이 성장하는 모습을 아주 주의 깊게 살펴보았고, 비록 내가 바로 위의 언니보다 다섯 살이나 어렸음에도, 언니들의 나이가 되면 언니들처럼 똑같은 식으로 대접받기를 기대했습니다.

두 언니들은 나이 차이가 별로 없었고 중요한 사건들도 거의 비슷하게 경험하여 언제 그것들이 일어났는지 쉽게 기억할 정도였습니다. 언니들이 첫 번째 새 스케이트를 갖게 되었을 때, 언니들은 스케이트를 신고 기념사진을 찍었습니다. 부모님들은 정신없이 스케이트를 타는 언니들과 스케이트장에도 함께 가시곤 했습니다. 그들은 서로 웃고 떠들며 아주 행복한 시간을 보냈습니다.

세월이 흘러 내 순서가 왔습니다. 꿈꾸던 스케이트를 가질 내 차례가 왔습니다. 엄마는 나를 데리고 스케이트를 사러 나갔습니다. 그런데 엄마는 나를 중고 가게에 데리고 가서 7천 원짜리 중고 스케이트를 사주신 후, 언니들과 나를 스케이트장으로 보냈습니다. 내 순서가 왔을 때에는 아무런 팡파르도 울리지 않았고, 기념사진도 찍지 않았습니다. 그저 낡아 빠진 오래된 스케이트가 전부였습니다.

내가 어떤 느낌을 가졌는지 부모님께 전혀 내비추지 않았습니다. 그 감정을 그 어느 누구에게도 이야기하지 않았습니다. 내 친구들 중 어떤 아이들에게 스케이트를 갖는다는 것은 꿈도 꿀 수 없는 일이었는데 적어도 나는 스케이트를 갖게 되었으니까요. 어떻게 엄마에게 중고 스케이트를 사주었다고 불평을 하겠습니까? 어떻게 내가 불만을 표할 수 있겠습니까? 그런데도 그것은 내게 큰 상처가 되었고 그 상처는 결코 잊혀지지 않았습니다.

불공평하고, 부당하고, 무시당한 느낌은 상처가 되어 나의 영혼에 흔적을 남겨놓았고, 그 상처는 밖으로 표현되어 나름대로 인정받아야 했습니다. 사실 이러한 감정은 그때 이해받고 치유를 받았어야 했습니다.

때때로 정말로 큰 상처들보다 아주 작은 상처들이 더 용서하기 힘든 것으로 남아있는 때가 많이 있습니다. 내가 부모님을 용서하는 데는 상당히 많은 시간이 걸렸습니다. 그러나 나는 그 고통이 어떤 것이었는지 깨닫기 전까지 용서를 시작조차 할 수 없었습니다. 내가 이해하기 전에, 나는 화가 나있었고 때때로 그 이유가 무엇인지 확실하지 않았습니다.

어떤 상처들은 아주 분명합니다. 이러한 분명한 상처들은 쉽게 사라지지 않고 도저히 부정할 수 없는 분노의 지속적인 원인이 됩니다. 예를 들자면, 우리 딸을 죽인 살인자는 우리가 분명히 다루고 처리했어야 했던 거대한 불의이자 정의롭지 못한 존재였습니다. 그러나 우리가 종종 지나쳐버리고 마는 별로 대수롭지 않은 냉대감이나 모욕감은 때때로 그 무엇보다 위험한 것들이 됩니다. 그러한 것은 밖으로 표출할 필요가 있습니다.

용서는 고통과 상처를 인정하고 그 고통과 상처로 다시 들어가기를 선택할 때 일어나게 됩니다.

2. 요셉 이야기: 노예로 팔려가다 창37:15~28, 42:24

요셉은 눈을 질끈 감았습니다. 형들이 그를 물이 없는 우물에 집어 던졌을 때, 그의 머리에 상처가 났고 욱신거렸습니다. 그리고 우물에서 정신을 차리고 다시 밖으로 기어 나오려고 애를 썼을 때, 그의 손톱과 손가락은 으스러질 듯이 아팠습니다.

요셉은 자기 형들이 이러한 일을 저질렀다는 사실을 도저히 믿을 수가 없었습니다. 우물 안에서 애를 쓰며 요셉은 생각했습니다. 그는 형들과 같이 있고 싶어서 아버지를 졸라 형들에게 자기를 보내달라고 하였고, 마침내 형들을 찾았던 생각을 했습니다. 사실 아버지가 말렸지만, 요셉은 고집스럽게 아버지를 졸라댔고 아버지는 마지못해 요셉의 말을 들어주었던 것입니다.

형들을 찾기는 쉽지 않았습니다. 형들을 찾아 나섰던 요셉은 여러 번 길을 잃기도 했습니다. 그러나 요셉이 포기하지 않고 형들을 찾게 만든 것은 집에서 멀리 떨어져 형들과 함께 어울리고 싶었던 요셉의 기대감 때문이었습니다. 형들을 찾음으로 자신이 형들의 관심을 받을 가치가 있다는 것을 한꺼번에 보여주고도 싶었습니다. 사실 얼마 전에 요셉은 집 근처에서 양들을 돌보기도 했고, 형들이 하는 일을 자신도 할 수 있다는 자신감을 얻게 되었습니다.

요셉은 무슨 일이 벌어지게 되었는지 들으려고 우물 벽에 기대었습니다. 도대체, 왜? 왜 형들이 나를 버렸단 말인가? 무엇 때문에 나에게 이런 일이 일어났을까? 형들은 요셉의 꿈에 대하여 이야기하고 있었습니다. 그들은 요셉이 너무 건방지다고 말했습니다. 요섭이 어쩌면 건방지기는 했겠지만, 돌이켜 생각해보니 요셉의 허황된 꿈과 그의 말에 한 번도 귀를 기울인 적이 없었습니다. 요셉은 자신의 꿈을 진지하게 받아들이려 했던 형들의 모습을 한 번도 본 적이 없었습니다.

형들은 특별한 날이 아닌데도 마치 자신의 신분이라도 드러내는 것처럼 색동옷을 입었던 요셉에 대하여 이야기했습니다. 그의 아버지는 요셉을 보호할 목적으로 그 옷을 자주 입으라고 했습니다. 아버지는 "사람이 그 옷을 입은 너를 보면 너를 해치지 않을 것이며, 혹은 적어도 네가 내 아들임을 알게 될 것이다"라고 말씀해 주셨습니다. 그러나 요셉은 지금 이 순간이 되어서야 자신을 말했던 아버지의 분노에 찬 협박의 의미를 깨달았습니다. 아버지 야곱이 늙어가고 있다는 것과 이제는 예전에 비해 힘도 별로 없는 늙은이가 되어간다는 형들의 이야기가 희미하게나마 들려왔습니다. 형들은 이제 모든 소유를 자신들이 담당해야 한다고들 이야기 하는 것 같았습니다.

이것은 요셉이 위험에 처한 상황 속에서 알게 된 사실들이었습니다. 우물 바닥의 한기가 뼈 속을 파고들었습니다.

맏형 르우벤이 우물가를 둘러보고 있을 때, 요셉의 뺨에는 눈물이 흐르고 있었습니다. 그는 흐르는 눈물을 가눌 길이 없었습니다. "르우벤, 형. 형은 나를 구해주어야 해! 내가 형에게 해를 끼친 적이 없잖아. 이 일을 아버지에게 말하지 않을게. 약속해. 형. 만약 형이 나를 도와주지 않으면, 나를 죽이는 거나 마찬가지잖아. 형, 사실 나는 내 행동이 얼마나 형을 아프게 한 것인지 몰랐어. 이제는 다시 그렇게 말하지 않을게. 여기 색동옷 있잖아. 이제 가져가. 더 이상 입지 않을게. 그리고 내가 말했던 꿈 이야기도 더 이상 하지 않을게. 더 이상 형들을 부리지도 않고 그냥 똑같은 형제 중 하나로 지낼게."

르우벤의 얼굴은 사라졌습니다. 그는 형 르우벤이 자신을 변호하고 유다도 르우벤을 따라 동생을 살려주자고 하는 소리를 희미하게나마 들을 수 있었습니다. 그러나 그러고 나서 형들의 목소리가 한 동안 들리지 않았습니다. 그 이후, 아무런 일도 일어나지 않았습니다. 요셉은 우물 안의 어둠 속에서 밤새도록 아무 것도 할 수 없었습니다. 혼자 생각하고, 외로움과 공포에 온 몸을 떨며 밤을 지새웠습니다.

아침이 되었습니다. 우물에서 자기를 꺼내 준 것은 시므온이었습니다. 시므온은 요셉의 옷을 취하고 난 후, 일말의 죄의식과 함께 요셉을 이스마엘 상인들에게 넘겨주었습니다. 아무런 설명도 없이 시므온은 자리를 떠났습니다. 요셉은 형들이 자기를 도둑으로 몰아 세웠다는 것을 알게 되었습니다. 그의 발목에는 쇠사슬이 채워져 있었고 낙타에 묶여 끌려가게 되었습니다. 그런 자신을 보면서 요셉은 그것이 의미하는 바가 무엇인지 알게 되었습니다.

형들은 모두 자기에게 등을 돌렸습니다. 그들은 자기의 수치를 보지 않으려 했습니다. 그나마 이제 조금 이해가 되었던 것은 자신이 팔린 신세가 되었고, 형들에 의해 배신을 당했다는 사실이었습니다. 이제 노예의 신세가 되었으며 이집트로 끌려가고 있다는 것도 알게 되었습니다.

사막의 폭염 속에서 걷고 또 걸으며, 요셉은 남모르게 눈물을 훔쳤습니다. 그렇게 눈물을 흘릴 즈음이면 즉시 그의 어깨위로 채찍이 날아들었고, 채찍의 날카로운 끝이 가져다주는 에이는 고통에 의해 그는 더 이상 그 누구의 형제도 될 수 없다는 사실을 깨닫게 되었습니다. 그가 갖고 있었던 위엄과 존엄, 사랑을 독차지하던 기품은 완전히 발가벗겨져 버렸습니다. 태양은 뜨거웠고, 그의 입은 타들어갔고, 발목에 감긴 무거운 쇠사슬은 걸음을 걸을 때마다 발목을 아프게 했습니다. 어느 새 신고 있던 샌들은 해졌습니다. 그러나 육체의 고통은 그의 영혼에 난 뜨거운 구멍에 비하면 아무것도 아니었습니다.

그는 완전히 무기력한 존재가 되었습니다. 위협과 협박이 그를 짓밟았습니다. 힘과 사랑의 상징이었던 색동옷은 빼앗겨 사라진지 오래였습니다. 자신의 가족에게 완전히 배신을 당했고, 꿈에도 생각지 못했던 거짓말과 치욕의 사람이 되었습니다.

우리는 요셉이 경험했던 이러한 고통을 직접 눈으로 보지 않았다. 그리고 어떤 말로도 그 감정을 제대로 표현해 낼 수는 없을 것이다.

이어지는 창세기의 기록을 통하여 요셉이 그의 형들을 만났고 일련의 과정을 통하여 그가 경험했던 모든 고통과 감정을 극복한 것을 읽을 수 있다. 그는 감정을 조절하고자 장소를 떠나야만 했고, 자신을 진정시켜야 했고, 자신을 통제하여 자신의 본 모습을 회복했을 때 형들과 다시 관계를 맺을 수 있었다.

토론을 위한 질문

1. 요셉이 형들에게 받았던 대우에 대한 당신의 생각을 표현해보라.

2. 당신을 옥죄는 감정적 동요 혹은 당신에게 피해를 준 협박을 어떻게 다루는가?

D. 깊이 있게 생각해 보기
상처를 인정하고 받아들이기

최근에 어떤 사람이 자신이 어렸을 때 학대를 받았다는 사실을 내게 털어놓았다. 그는 "내가 누군가에게 이 사실을 말할 수 있기까지 얼마나 오랜 시간이 걸린 줄 아세요?"라고 나에게 물었다. "40년이란 세월이 걸렸네요."

우리가 죄의 희생제물이 된 것과 그 결과 너무나 약하고 깨지기 쉬운 존재임을 인정하는 것은 아주 어려운 일이다. 특히 요셉에게 자신을 증오했던 형들, 그래서 노예로 자신을 팔아버렸던 형들을 인정하기란 정말로 어려운 일이었을 것이다.

분노는 상처를 받은 사람, 폭행을 당한 사람, 그리고 배반을 당한 사람에게 자연스럽게 나타나는 반응이다. 분노는 격동하는 감정으로 변하기도 하고 아주 불안정한 모습으로 나타나기도 한다. 그러나 그것은 우리가 분명하게 표현해야 할 감정이다.

감정을 인정하지 못하고 부정denial하는 것은 자기가 당한 희생을 해결하는 또 다른 방법이다. 그러나 이 방법으로 우리에게 일어난 일과 배후에 있는 사건의 실체를 대면할 수 없다. 특히 어린이들이 희생을 당하면 종종 아주 심한 상처를 받게 되며, 어른이 되어서까지 그 문제를 제대로 다루지 못할 수도 있다. 감추어진 분노는 희생 당한 그 사람의 삶을 송두리째 앗아가기도 하고 아주 큰 분노가 실생활에 표출되기도 한다.

우리의 감정들은 피해 정도를 제대로 드러내지 못하고, 정의롭지 못한 일의 중심된 사건들이 무엇인지 올바로 보게 하기도 하고, 잘못 보게 하기도 하는 길잡이 역할을 한다. 감정의 상처가 심하면 심할수록 이에 대한 반응도 더 심각하게 나타난다는 것은 모두가 잘 아는 내용들이다.

사건을 받아들이지 못하면 발생한 공통을 회피하려고 여러 가지 그럴싸한 이유들을 끌어다 놓는다. "잠자는 개를 건드리지 마라" 혹은 "당신은 아주 오래된 상처를 건들려고 하는 중이군요. 당신은 이미 앉은 딱지를 계속 벗겨내려 하는군요"하는 식으로 반응한다.

돌봄을 받지 못한 감정의 상처는 감염되기 쉽거나, 올바로 회복되지 않거나, 그들이 관심을 받을 때까지 우리를 계속 괴롭히고 상처를 곪아 터지게 한다.

분노는 우리의 인생의 정의롭지 못한 부분을 끊임없이 지적하게 만들기도 한다. 우리는 우리의 감정과 분노를 솔직하게 볼 필요가 있다. 해결되지 않은 고통의 문제와 불의한 경험을 속시원히 밝혀 낼 수 있다면, 아주 작은 사건일지라도 우리에게는 매우 중요한 일로 다가올 것이다. 우리는 고통이 무엇인지, 분노의 근본적인 이슈가 무엇인지 세밀하게 조사할 필요가 있다. 스케이트는 아주 별것 아니지만, 스케이트와 관련된 상처 및 이슈는 아주 중요한 것이다.

평화를 회복하고, 치유 받고, 용서하기 위한 일련의 과정을 시작하기 전에, 우리가 겪는 고통의 근원이 무엇인지 분명하게 밝혀내야 한다. 우리는 자신이 겪은 부당한 일에 대한 이야기를 할 수 있어야 한다.

E. 용서에 반응하기

요셉은 자신의 감정을 적절한 시기에 적절하게 표현하였다. 그의 이야기는 우리 모두가 읽고 배우도록 창세기에 잘 기록되어 있다.

지나간 고통과 부당한 일들을 치유하기 위한 첫 번째 단계는 먼저 자신이 받은 상처를 인정하는 것이다. 물론 우리가 이미 겪은 그 고통을 다시 끄집어내면, 처음 겪었던 그 감정이 다시 살아나겠지만, 이것이 감정적으로 약하거나 불안정하다는 의미는 아니다. 우리의 길잡이가 되는 일반적인 치유의 과정에서 감정이 나타나는 것은 자연스런 현상이다.

당신의 모임을 다시 작은 그룹으로 나누어 다음의 질문과 함께 토론의 시간을 가지라. 당신이 인생을 살아오면서 가장 잊기 힘든 것이 있다면 무엇인가? 그리고 생각만 하면 당신에게 상처가 되는 일이 있다면 무엇인가?

만약 시간이 허락된다면, 다시 전체 그룹으로 모여 나눈 이야기를 함께 종합해 보라. 개인의 이야기를 나눌 때에는 돌을 손에 쥐고 말하도록 한 후, 나눔이 끝나면 다음 사람에게 넘겨주도록 하라. 만약 자신의 이야기를 나눌 준비가 되어 있지 않은 사람이 있다면, 그냥 돌을 그 다음 사람에게 넘겨 주도록 배려하라.

F. 주기도문으로 마무리하기

공식적으로 함께 이야기를 나누는 행위는 그 자체로 아주 감정적인 사건이 될 수 있다. 이번 장을 정리하면서, 당신의 모임에서 나눈 이야기들이 그 장소에 참석한 사람만을 위한 것이며, 다른 사람에게 다시 이야기해서는 안 된다는 비밀보장의 원칙을 상기시키라. 조용히 침묵의 시간을 가진 후, 주님께서 가르쳐주신 기도로 모임을 정리하라. 마6:9~13

하늘에 계신 우리 아버지,

아버지의 이름을 거룩하게 하시며

아버지의 나라가 오게 하시며,

아버지의 뜻이 하늘에서와 같이
땅에서도 이루어지게 하소서.
오늘 우리에게 일용할 양식을 주시고,
우리가 우리에게 잘못한 사람을 용서하여 준 것같이
우리 죄를 용서하여 주시고,
우리를 시험에 빠지지 않게 하시고
악에서 구하소서.
나라와 권능과 영광이 영원히 아버지의 것입니다.
아멘.

모여든 구름들

용서를 어떻게
시작할 것인가?
How do I start
to forgive?

모여든 구름들
용서를 어떻게 시작할 것인가?

A. 목적

이 장의 목적은 우리가 받은 상처를 되갚아주고자 하는 우리의
욕망에 대항하고 고통에 대한 무의식적 반응에서 자유로워지는 것
이다.

B. 개관 및 토론

먹구름이 모이는 것을 보면 다가올 폭풍에 대비해야 한다. 폭풍
우에 의해 날아갈지 모를 물건들을 안전하게 관리해 놓고, 뒤뜰에
놓인 야외용 테이블과 의자들이 날아가지 않도록 단단히 묶어 놓
고, 지하실이나 대피소를 찾아가야 한다. 우리는 최선을 다해서 곧
몰아칠 비바람 혹은 눈보라로부터 피신해야 한다.

감정의 폭풍을 대비하는 데 쉬운 방법이란 없다. 대부분의 사람
은 우리 집만은 아무 피해를 받지 않으리라는 편안하고 안전한 마
음과 함께 그냥 집에 머물고 싶어 할 것이다. 그러나 이러한 종류의
감정적 폭풍우가 밀려 올 때, 곧 다가올 폭풍우와 싸우려면 우리가

좋아하는 안전지대를 떠나서 대피할 장소를 찾아야 함을 의미한다.

우리는 우리에게 일어날 일을 통제하지 못할 수도 있다. 용서의 과정으로 들어가면서, 우리는 분노에 대해 우선적으로 반응하기 보다는 잠시 멈추어 서서 적절한 반응을 선택할 필요가 있다. 분노는 상처가 무엇인지 분명히 밝히는 좋은 길잡이지만, 상처를 해결하는 길잡이도 아니다.

요셉은 하나님께서 그를 보고 계시며 그에게 일어난 모든 일이 보편적인 중요성을 가졌다고 믿었다. 그리고 그는 자신에게 주어진 기회를 이집트 사람이나 주인에게 분노를 표현하는데 이용하지 않았다. 그렇게 요셉은 자신 안에 도사리고 있던 뿌리 깊은 분노를 내려놓기로 했다.

토론을 위한 질문

1. 당신의 인생 중에 어떤 부분이 변화될 때, 갈등이 사라질 것이라고 생각하는가?

2. 이러한 상황에서 자유로우려면 당신에게 필요한 것은 무엇인가?

C. 함께 생각해 보고 싶은 이야기들

1. 물이 가득 찬 장화

톰 소여와 허클베리 핀이 개구리 알을 찾고 낚시를 하려고 뗏목을 만들었던 것처럼 어렸을 적에 나와 내 친구 케니는 탐험을 좋아했습니다. 미시시피 강을 다 탐험할 수는 없었지만, 우리에겐 열십자로 마을을 가로지르는 두 개의 도랑이 있었습니다. 잡은 작은 피라미들은 먹지는 않았지만, 그것들 역시 물고기였기에 우리는 수백 마리의 피라미들을 잡아 페인트 통에 넣어두곤 했습니다. 통 속에 든 피라미들을 바라보며 우리는 마치 일 미터나 되는 큰 고기를 잡은 낚시꾼이라도 된 것처럼 스스로를 아주 자랑스럽게 생각했습니다.

친구와 단둘이 있을 때면 그 일이 너무나 즐거웠습니다. 꽤 나이가 많은 이웃의 빌리Billy라는 녀석이 우리 사이에 끼어들게 되었을 때, 케니와 빌리는 단짝이 되어 나를 따돌렸으며, 이 일로 나는 무척이나 자존심이 상하였습니다.

어느 날 우리는 사과나무에 올라가기로 했습니다. 그 당시에 여자아이들은 옷을 잘 차려입었습니다. 무슨 일이든 남자 아이들에게 뒤지지 않는 것은 결코 만만한 일이 아니었습니다. 그렇지만, 나는 지지 않으려고 나무에 올라갔습니다. 남자 아이들은 미끄럼틀을 타듯 쉽게 나무에서 내려왔습니다. 그런데 나는 나무에서 내려올 수가 없었습니다. 나무에서 내려온 남자 아이들은 나무 밑에서 나의 치마 밑을 흘겨보면서 내가 당황해 하는 모습을 가지고 장난을 쳤습니다. 나는 수치심을 느꼈습니다.

빌리가 떠났을 때, 나는 내 감정이 어땠는지를 케니에게 알게 해주겠다고 작정했습니다. 내가 겪은 수치심이 어땠는지 직접 느끼게 해주겠노라고 작정했습니다. 물론 내가 어떻게 해야 하는지도 잘 알고 있었습니다.

그는 자기의 장화 안에 물이 들어가는 것을 아주 끔찍하게 생각했습니다. 그해 여름, 우리가 도랑에서 놀 때 거의 매일 장화가 젖어서 미끄러지거나 젖은 장화를 말려야 했습니다. 그런 일이 자주 일어나면 그가 화를 낼 것이라는 것도 잘 알고 있었습니다. 어느 날 나는 나무로 덮어 놓은 지하 도랑에서 다 같이 놀면 어떻겠냐고 제안을 했습니다. 우리는 그 나무판자 밑에 숨어서 머리 위로 지나가는 차 소리를 들으며 노는 것보다 더 재밌는 것은 없을 것이라며 좋아했습니다. 이 특별한 복개천은 한쪽 끝에서 다른 끝으로 물이 졸졸 흘러내리는 얕은 도랑이었지만, 또 다른 편 끝에는 아귀까지 물이 차있었습니다. 우리가 가장 좋아했던 일은 장화를 신고 갈 수 있는 데까지 가보는 것이었습니다.

물이 차오르기 시작한 것은 거의 중간쯤 갔을 때였습니다. 내 장화의 꼭대기까지 물이 차오르는 압력을 느꼈을 때, 내가 먼저 돌아가자는 말을 꺼냈습니다. 그 자리에서 우리는 가던 길을 멈추고 돌아섰습니다. 이제는 내가 그의 뒤를 따라가게 되었습니다. 물은 우리의 장화 입구까지 찰랑찰랑했고 도랑의 바닥은 미끈한 흙과 흔들거리는 물풀 때문에 아주 미끄러웠습니다.

어린 소녀였지만, 나는 지난 일에 대해 화가 날대로 나있었습니다. 그래서 나는 실수하는 척하며 팔꿈치로 그를 은근 슬쩍 밀어버렸습니다. 그는 첨벙하고 물을 튀기며 뒤뚱거렸고 그 순간 그의 장화에는 물이 가득 찼습니다.

그는 "너! 나를 밀었어!"라고 고래고래 소리를 질러댔습니다. 그는 물이 가득 들어 있는 장화를 질퍽거리면서 도랑을 거슬러 되돌아와야 했습니다. 그 일은 너무 너무 고소했습니다. 나는 일부러 밀지 않았다고 딱 잡아뗐지만 웃음을 참을 수 없었습니다. 사실 그가 고통을 받아야 할 차례였습니다.

다음날 그는 맞아서 멍든 자국을 나에게 보여주었습니다. 그것은 내가 뭔가 엄청나게 큰 잘못을 저질렀구나 하는 느낌을 갖게 했습니다.

우리는 그런 일을 겪으면서도 천연덕스럽게 지냈습니다. 누군가가 상처를 받으면 반드시 되돌려주곤 했습니다. 서로를 비난하고, 인정해주지 않고, 비방하고, 때리고, 골탕을 먹이고, 드물지만 가끔씩은 죽여 버리고 싶다는 생각까지 했습니다. 때때로 우리는 분노의 진짜 원인을 잡아내지 못하였고, 우리가 만만하게 여기는 누군가에게, 혹은 상처를 받기 쉬운 누군가에게 분노를 표출해 냈습니다.

우리가 점점 더 공격적이 되면서, 우리는 당한 만큼 반드시 다른 사람에게 상처를 주는 행위가 당연하다고 생각했습니다. 우리는 그렇게 폭력의 순환 속에서 헤어나오지 못했습니다.

용서는 이러한 악순환의 고리를 끊어야 함을 의미합니다. 그것은 다른 사람에게 상처를 되돌려주지 않기로 선택하는 것입니다. 용서는 이러한 잘못된 권리를 내려놓는 것입니다.

2. 요셉 이야기창39:7~20

그 여자는 아주 많은 사람에게 호의적이었습니다. 요셉 또한 언젠가는 그 여자의 침대에서 환영받으리라는 것을 알고 있었습니다.

저항은 어렵습니다. 친밀감은 요셉이 간절히 원하던 것이었습니다. 요셉이 이집트로 온 이래로, 그런 친밀감과 소속감을 느껴본 적은 한 번도 없었습니다. 이집트라는 낯선 나라, 낯선 문화 그리고 낯선 생활 모습 속에서 배워야만 했던 언어는 무척 어려웠고 배우는 것도 굉장히 더뎠습니다. 자신에게 일을 주었던 보디발이라는 주인에게 자신을 증명해 보이기까지 엄청난 시간이 걸렸습니다. 특히 보디발Potiphar은 바로 왕에게 시중을 드는 사람이었기 때문에 너무나 바빠서, 요셉에게 자신에게 속한 모든 것을 관장하도록 전권을 주었습니다.

이제야 요셉이 한 숨을 돌릴 겨를과 자신의 시간을 조금 즐길 수 있게 되었습니다. 그는 매일 아침 일찍 일어나서 모든 일이 잘 돌아가도록 점검했습니다. 특별히 그는 가능한 위기의 상황이 생기지 않도록 미리미리 준비하는 것을 좋아했습니다. 그는 재앙을 예견하는 방법을 터득해 나갔습니다. 주인이 무엇을 요구하든 요셉은 만반의 준비가 되어있었습니다. 요셉에 대한 보디발의 신뢰는 최근에 눈에 띌 정도로 두터워졌고 그래서 그에게는 많은 자유가 생겼고, 언젠가는 아버지를 보러갈 수 있을지도 모른다는 희망까지 갖게 되었습니다.

파티에서 홀로 들어올 때면 종종 그녀는 자신의 불행과 외로움을 그에게 털어놓았습니다. 그럴때면 요셉은 음악가들을 불러서 그녀를 달래주곤 하였습니다. 그러나 요셉이 그녀의 기분을 달래주면 달래줄수록, 그녀는 점점 더 그에게 관심을 두게 되었고 그를 원하게 되었습니다.

집이 텅 빈 어느 날이었습니다. 그녀는 요셉을 불렀습니다. 뭔가 필요해서 부른 줄 생각하고 그녀의 침실로 달려갔던 요셉은 매혹적인 옷차림을 한 그녀를 보았습니다. 그는 유혹을 받았습니다. 그녀의 부드러움에서 위안을 발견하기란 그리 어렵지 않아보였습니다. 그렇게 하는 것은 가치가 있어보였습니다. 어쩌면 그의 형들이 이 순간 여자를 유혹했어야 할 일이었습니다. 그는 무슨 일이 일어날지 잘 알고 있었습니다. 그 순간 그는 형들을 보는 것 같았습니다.

그녀의 팔은 활짝 열려있었습니다. 거기에는 아무도 없었고, 그가 무슨 일을 한다 해도 신경 쓸 사람도 없었습니다. 그는 낯선 땅에서 온 노예였습니다. 사람들은 요셉이 자신을 잘 관리하는 사람이라 여겼고, 실제로 그 순간의 기회를 취할 수 있었습니다. 그는 자신이 걸어온 길을 생각하면서 스스로에게 미안한 마음이 들었고 자신에게 주어진 위안의 길을 택하는 것에 대하여 잠시 생각 해보았습니다.

그때 그는 고통 중에 있는 그녀를 보게 되었습니다. 마치 요셉 자신이 삶에 갇혀있는 것처럼 자신의 삶에 갇혀있는 여인이었으며, 자신의 남편이 일에 정신이 팔려 자신에게 충실하지 못한 것을 보복하려고 쉽고 빠른 방법을 찾는 여인이었습니다. 그녀는 자신이 상당히 무시당한다고 느꼈기 때문에 자신의 남편에게 상처를 주기 원했습니다. 요셉이 이런 자신의 상황을 이해해 줄 것이라 생각했습니다. 그리고 아마도 남편이 아내에게 배반당한 것을 알더라도 요셉을 해치는 대신에 다른 사람을 해치는 것으로 대신하리라는 것도 알았습니다.

그러나 배신, 거절, 분리, 멸시의 고통이 어떤지 그 의미가 무엇인지 체험했던 요셉이 어떻게 이 여인에게 그러한 고통을 줄 수 있었겠습니까? 어떻게 그가 보디발을 배신할 수 있겠습니까? 그리고 어떻게 그가 자신의 하나님을 배반할 수 있겠습니까?

이 이야기는 요셉을 이해하는데 아주 중요한 이야기이다. 성적인 쾌락과 욕구 충족을 위해 아름다운 여인의 제안을 받아들이는 것보다 더 중요한 것이 이 이야기 속에 들어 있다. 이것은 노예의 신분을 벗어나지 못하게 함으로써 지속적으로 그를 희생시키고자 했던 이집트 사람에게 상처를 줄 수 있는 결정적인 기회였다. 그들은 요셉을 소유했다. 그래서 요셉은 이것이 자신이 가진 권리의 전부라고 생각할 수도 있었다. 그러나 그는 모든 것을 거절했다.

1. *이러한 상황이 요셉의 인물됨에 대하여 반영해주는 것이 있다면 무엇인가?*

2. *최선의 답이 존재하지 않는 것처럼 보이는 상황에서 우리는 어떻게 올바른 일을 할 수 있을까?*

D. 깊이 있게 생각해 보기

내려놓고 다른 길을 선택하기

상처를 받거나 위협을 받았을 때, 우리는 살아남고자 육체적 생존 본능에 따라 반응하기 마련이다. 우리가 상처를 받으면, 다른 사람을 때리거나 받은 상처를 돌려주고 싶어 한다. 화를 내게 되며, 복수를 하거나 인과응보의 정의론을 내세우는 것이 자연스러운 반응이다. 우리는 다른 사람이 우리가 느꼈던 고통을 똑같이 느껴야만 한다고 생각한다. 그래서 우리가 느낀 고통을 갚아줌으로 우리의 고통을 완화하려고 한다. 성서에서도 우리는 "눈에는 눈으로 갚으라"는 내용들을 볼 수 있다. 그것은 어떤 사람이 우리에게 무슨 일을 저질렀다면, 우리도 그 사람을 상해하거나 우리가 받은대로 되돌려 주어야 한다는 말이다. 그러나 상처를 되돌려주는 행위는 굉장한 파괴력을 가진다. 분노의 상태는 선한 생각과 문제를 선한 방법으로 풀지 못하게 한다.

만약에 이러한 즉각적인 욕망을 인식하지 못하고 해결하지 못한다면, 그것은 종종 그러한 종류의 일을 저지른 모든 사람을 향해 마음 속 깊이 분개하는 모습으로 나타나게 된다. 예를 들어 만약 엄마가 우리에게 상처를 주었다면, 모든 여자를 증오하게 될 수도 있다는 말이다.

이러한 욕망은 주된 가해자들을 목표로 하여 아주 집중적이면서도 파괴적인 모습으로 드러나게 된다. 우리가 가진 모든 에너지는 보복을 하거나 그 사람을 회피하는 데 쓰일 것이다. 어떤 모습으로 나타나든지 상당한 에너지가 소모될 것이다.

사실 물리적인 보복을 떠나서 사람에게 상처를 주고 고통을 느끼게 하는 방법은 아주 다양하다. 사람에게 상처를 주고 싶어 하는 욕망은 다른 사람을 중상하고, 그 사람을 악마처럼 여기게 하므로 그 자체로 사람의 품위를 떨어뜨린다. 혹은 만약 우리가 고통의 근원으로부터 우리 자신을 보호하기 원한다면, 우리는 방어적이 될 것이며 사람을 경계하고 굉장히 날카로운 모습으로 변할 것이다. 우리는 우리에게 상처를 준 사람을 배척하고 그들을 비판하는 방법을 사용하기도 한다.

요즈음 우리는 화를 내는 것이 정당한 것이라 가르치며, 그러한 권리를 가지라고 격려하는 시대에 살고 있다.

그러나 성서는 우리가 화를 내는 행동에 대하여 정면으로 경고한다.

로마서 12장 19~21절: 내 사랑하는 자들아 너희가 친히 원수를 갚지 말고 진노하심에 맡기라. 기록되었으되 원수 갚는 것이 내게 있으니 내가 갚으리라고 주께서 말씀하시니라. 네 원수가 주리거든 먹이고 목마르거든 마시우라 그리함으로 네가 숯불을 그 머리에 쌓아 놓으리라. 악에게 지지 말고 선으로 악을 이기라.

디모데전서 2장 8절: 그러므로 각처에서 남자들이 분노와 다툼이 없이 거룩한 손을 들어 기도하기를 원하노라

야고보서 1장 19, 20절: 내 사랑하는 형제들아 너희가 알거니와 사람마다 듣기는 속히 하고 말하기는 더디 하며 성내기도 더디 하라. 사람의 성내는 것이 하나님의 의를 이루지 못함이니라.

시편 37장 8절: 분을 그치고 노를 버리라 불평하여 말라 행악에 치우칠 뿐이라

잠언 15장 1절: 부드럽게 받는 말은 화를 가라앉히고 거친 말은 노여움을 일으킨다.

용서하려면 분노를 내려놓아야 하고, 상처를 되돌려주어야 한다는 필요를 내려놓을 필요가 있다. 우리는 상처를 받을 수 있는 연약한 모습으로 되돌아갈 필요가 있다. 그것은 치유와 용서를 위한 첫걸음이다.

이렇게 하는 것은 엄청난 희생을 다시 치러야 하는 느낌을 주기 때문에 쉽지 않은 일이 될 것이다. 우리는 다른 사람을 다치게 해서

는 안 될 뿐만 아니라, 모든 것을 올바르게 만들려면우리가 사용할
수 있는 분노의 권리까지 포기해야 한다.

이것은 엄청난 용기와 믿음 그리고 희생을 필요로 한다.

E. 용서에 반응하기

용서를 배우려면 다른 사람을 통제하려는 힘과 분노를 포기해야
한다. 용서를 위한 첫걸음으로써 내어버려야 할 것이 무엇인지 이
야기해 보자. 이러한 것을 보여주는 몇 가지 제안들로,

1. **그룹 기도**: 하나님의 손에 자신들의 고민을 내려놓음을 상징
하는 의미로 참가한 사람과 함께 손바닥을 아래로 향하게 한 후 함
께 기도하는 시간을 가지라. 리더가 대표로 모임을 위해 소리 내어
기도를 하는 것도 좋다. 기도 중간에 하나님의 자비, 평화 그리고
용서를 받아들인다는 의미로 각 사람이 손을 위로 올리도록 한 후
기도하라.

2. **내려놓음을 위한 의식**: 모임의 참가자들에게 종이 한 장을 나
누어 주고 그 위에 자신들이 내려놓아야 할 것들이 무엇인지 써보
도록 하라. 그리고 종이들을 한꺼번에 모아서 태워버리는 의식을
가져라. 실내라면 큰 양푼이나 쇠로 만든 둥근 휴지통을 사용하도록 하고, 야외에
서라면 불을 피워도 좋은 장소를 찾아보라.

F. 주기도문으로 마무리하기

침묵으로 묵상의 시간을 가진 후에 모임에 참여한 사람에게 둥글게 원을 그리도록 요청한 후, 주기도로 모임을 정리하라.

하늘에 계신 우리 아버지,

아버지의 이름을 거룩하게 하시며

아버지의 나라가 오게 하시며,

아버지의 뜻이 하늘에서와 같이

땅에서도 이루어지게 하소서.

오늘 우리에게 일용할 양식을 주시고,

우리가 우리에게 잘못한 사람을 용서하여 준 것같이

우리 죄를 용서하여 주시고,

우리를 시험에 빠지지 않게 하시고

악에서 구하소서.

나라와 권능과 영광이 영원히 아버지의 것입니다.

아멘.

회오리바람 속으로

용서가 그렇게
힘든 이유는 무엇인가?

Why is it so
difficult to forgive?

네 번째 만남

회오리바람 속으로
용서가 그렇게 힘든 이유는 무엇인가?

A. 목적

이번 장의 목적은 계속되는 상처로 말미암은 손실들을 대신할 수 있는 건강하면서도 능동적인 문제 해결 및 건설적인 태도를 만들어 나가기 위함이다.

B. 개관 및 토론

회오리바람은 뜨거운 공기와 찬 공기가 충돌하는 현상, 즉 저기압과 고기압이라는 아주 대조적인 기압이 서로 밀고 당기면서 생기는 바람으로 그 자체로도 엄청난 에너지를 갖고 맹렬한 회전력으로 모든 것을 집어 삼킨다. 이러한 회오리바람처럼, 갈등 또한 종종 우리 안의 능력을 제대로 발휘하지 못하게 한다. 이러한 바람은 우리의 에너지를 불화라는 소용돌이에 소진하도록 만들어 버린다. 감정이라는 폭풍우에 대한 통상적인 반응은 단순히 모든 문제가 지나가게 될 것이라는 희망을 갖고 그 바람이 스스로 불고 지나가도록 내버려 두는 일이다. 어떤 갈등들은 갈등 그 자체가 해결방안일 때도 있다. 그러나 대부분의 갈등들은 그렇지가 않다. 갈등에 대해 토론을 하다보면, 우리가 추구하는 용서는 뿌리 깊게 자리한 상처나 되풀이하여 생기는 문제를 다룰 때 일어난다.

갈등의 회오리바람을 일으키는 주변 상황들을 변화시키기 위해 우리가 할 수 있는 일은 무엇인가? 어떻게 하면 밀고-당기는, 뜨겁고-차가운, 나의 방법과-너의 방법, 그리고 옳고-그름의 방법을 변화시킬 수 있을까? 왜 마음 속에 자리한 일들을 용서하기가 그렇게도 힘든 것일까?

이번 장에서 우리는 한걸음 물러나 각자의 인생을 곰곰이 생각해보는 시간을 갖고자 한다. 갈등 및 커다란 손해의 소용돌이 속에서도, 우리의 인생을 지탱해나가기 위한 주도권을 충분히 행사할 필요가 있다. 가해자에게서 헤어나와 능동적이면서도 건설적인 방식으로 행동을 시작할 수 있어야 한다.

토론을 위한 질문

1. 용서를 추구할 때 생기는 갈등과 손해라는 소용돌이 속에서 어떻게 삶의 에너지를 이끌어낼 수 있을까?

2. 소용돌이를 멈추려다가 오히려 소용돌이에 휘말리거나 능력이 소진되었음을 어떻게 알 수 있는가?

3. 당신이 처한 상황에서 당장 실천할 수 있는 건설적인 대응책으로써 개발할 수 있는 건강한 태도에는 어떠한 것들이 있는가?

C. 이야기 나누기

1. 건축과 재건축

어린 아이로써 내가 할 수 있는 일이라고는 이런 저런 것을 꾸며 보는 것 외에는 별로 없었습니다. 나는 앞으로 지을 작은 집을 점으로 그려놓은 대지 위에서 어린 시절을 보냈습니다. 그곳에는 송아지를 키우도록 여기 저기 틈이 벌어져 있고 들쭉날쭉한 모습으로 자리를 지키고 있던 아주 오래된 헛간 하나, 톱밥이 널려있는 창고하나, 큰 개집 하나, 닭장, 두 개의 돼지우리, 그리고 뒤뜰 나무 위의 오두막이 전부였습니다.

우리 집에는 동물이 거의 없었기 때문에 이러한 장소들은 내가이런 저런 장식을 하는 용도 외에는 대개 비어있었습니다. 나는 토막 난 장판지들을 구해서 닭장 바닥에 이리저리 잘라 맞추었습니다. 창문에 달 커튼을 만들고자 엄마에게 필요한 재료들을 사달라고 도움을 요청하기도 했습니다. 나는 아주 오래된 의자들과 박스들을 끌어다가 식탁을 만들고 침대에 놓을 베개를 만들기도 하고, 작은 나무들을 잘라다가 부엌과 방들을 꾸며 놀이 친구들과 함께 차를 마시는 동안 주방을 들락거리는 다람쥐들을 쳐다보기도 했습니다.

어른이 되자 장식하기를 좋아했던 나의 욕구는 남편과 함께 오래된 집을 구입하여 수리한 후 다시 팔면서 더욱 더 큰 규모로 변하게 되었습니다.

일을 하면서 나는 잡동사니들을 깨끗하게 정리해 놓고, 창문을 갈아 끼우고, 좋아하는 색으로 배선, 바닥처리, 페인트칠하는 일을 무척 좋아한다는 사실을 알게 되었습니다.

우리가 화재로 인해 피해가 막심한 집 하나를 사서 씨름하고 있을 때, 또 다른 화재가 나서 집 하나가 몽땅 타버렸습니다. 그 때까지 우리 사업에 아무런 문제가 없었습니다. 구러나 화재가 난 후 우리는 집 두 채 사이에서 이러지도 못하고 저러지도 못하는 상태가 되었습니다. 화재는 전깃줄을 따라 번지면서 전혀 예측할 수 없는 방식으로 집을 몽땅 태워버렸습니다. 연기와 물로 뒤범벅되어 있는 집은 더욱 볼꼴 사나왔습니다.

그일은 우리의 능력을 압도했습니다. 새로운 집을 짓거나 혹은 오래된 집을 고쳐 짓는 것도 많은 인내와 용기가 필요하지만, 화재가 난 집을 다시 살려내려면 더 많은 인내와 용기가 필요했습니다. 만약 우리가 재건축하지 않으면, 아무도 그 집을 거들떠보지 않을 것입니다. 용서란 마치 이러한 피해를 입은 집을 수리하는 것처럼 절실한 책임감을 필요로 합니다. 그것은 우리의 인생에 통제력을 다시 부여하여 천천히 집을 다시 지어감으로 우리의 삶에 다시 활력을 불어 넣는 과정이 되었습니다.

용서는 피해를 입은 집을 수리할 때처럼 큰 그림을 그려가며, 거기에 맞게 결정하고 행동하는 것입니다. 그것은 일의 한계를 정하여 다시는 똑같은 일이 반복되지 않도록 집과 우리의 삶에 다시금 생기를 불어넣는 것입니다.

2. 요셉 이야기창39:20~23

요셉은 자신의 감방을 둘러보았습니다. 모든 고통이 다시 시작되는 느낌이었습니다. 그는 자신의 인생에서 가장 큰 유혹을 마주했고, 그것에 저항하려고 자신의 겉옷을 뒤에 남겨두고 도망을 가야했습니다.

그 일이 가져다 준 보상이 무엇이었냐구요? 자기 주인의 아내를 범하려 했다는 잘못된 고소가 그에게 돌아온 보상이었습니다. 요셉은 그 사실을 부정하려고 보디발에게 이유를 설명하는 등 온갖 애를 다 썼습니다. 그 이유를 들어야만 했던 보디발의 상처와 치욕감은 더 없이 고통스러웠습니다. 그는 단순히 훌륭한 가정총무의 배반만 경험한 것이 아니었습니다. 그를 견딜 수 없게 만든 것은 자기 아내의 거짓과 속임수였습니다.

이제 요셉은 감옥에 갇힌 신세가 되었습니다. 더구나 이 감옥은 가장 흉악무도한 사람을 가두어 놓았다가 바로Pharaoh의 심기에 따라 죽이거나 살리는 왕의 감옥이었습니다.

이 감옥에 갇힌 요셉은 자유에 대한 희망을 조금도 가질 수 없었습니다. 그는 자신의 무죄를 탄원해줄 아무런 가족도 친구도 없는 이방인이며 노예였기 때문이었습니다.

그는 음식을 쳐다보았습니다. 그는 아무것도 먹을 수가 없었습니다. 차라리 먹기를 거절하고 죽음이 닥쳐올 때까지 잠만 자는 것이 더 나을 것 같았습니다. 죽음은 그를 모든 것에서 풀어 줄 수 있을 테니까요. 형제들은 그가 사라지길 바랐고 아버지는 이미 그가 죽었다고 생각했습니다.

간수 중 한 사람이 그의 감방에 와서 그를 노려보고 갔습니다. 그 간수는 마치 요셉의 깊은 절망을 알기나 하는 것처럼 그리고 요셉의 절망을 통해 뭔가 이익을 얻으려는 것처럼 이상한 눈초리로 그를 쳐다보았습니다. 요셉은 간수의 얼굴에 서린 웃음을 지워버리고 싶었습니다. 요셉은 처량해 보이는 배식판을 벽에 던져버리고 싶었습니다. 소리쳐 분노를 표현하고 싶었습니다. 자기가 보디발의 집에 처음 들어왔을 때 느꼈던 그 절망감이 다시금 새록새록 기억의 저편에서 떠올랐습니다. 그는 방에 쳐넣어졌고, 그의 몸은 고문받은 것처럼 쑤시지 않은 곳이 없었습니다. 다른 노예들은 즉각적으로 그를 증오했습니다. 그러나 그는 뭔가 할 일을 찾았습니다. 요셉은 다른 노예들이 일을 쉽게 하도록 어려운 일들은 자신이 모두 감당했습니다. 그는 그들이 자신을 신뢰하도록 그들의 삶을 위해 자신을 바쳤습니다. 그러나 이제 감옥에서, 이렇게 완전히 분리된 감옥에서 무엇을 할 수 있겠습니까?

그때 요셉은 그 옆에서 끙끙거리며 신음하는 한 사람을 발견했습니다. 그는 일어서서 반대쪽 벽이 시작되는 곳으로 걸어가 보았습니다. 그리고 가로막혀 있는 철장을 통해 물었습니다. "무슨 도움이 필요하신가요? 어디가 많이 아픈가요?" 그 사람은 맞아서 잔뜩 부은 눈으로 요셉을 쳐다보았습니다.

"여기 조금 남아있는 물로 당신 눈을 좀 씻어보세요."

그 남자는 어리둥절한 채로 일어서서 그 물로 자신의 눈을 씻어냈습니다.

"도대체 누구시오?"

그 남자는 경계를 늦추지 않고 물었습니다.

"나는 요셉이오. 보디발의 노예입니다."

물을 마시고 눈을 씻어내면서도 그 사람은 의심의 눈초리를 거두지 않았습니다. 요셉은 이 감옥에 어떤 변화가 일어나려면 아마도 오랜 세월이 흘러야 할 것 같다는 생각을 했습니다. 그의 짧은 인생으로는 시간이 충분할 것 같지 않았습니다. 그러나 그는 또 시도를 했습니다.

요셉은 자기 아버지가 아내를 얻으려고 14년 동안 아무런 임금도 받지 못하고 어떻게 일을 했는지에 대한 이야기를 여러 번 들어왔습니다. 그의 아버지는 그에게 인내가 무엇인지를 가르쳐 주었습니다. 그는 하나님께서 왜 자신을 여기에 있게 만드셨는가를 발견할 때까지 뭔가를 시도해야 했습니다. 하나님은 꿈들을 통해 그를 어루만져 주셨습니다. 이유 없는 일은 없습니다. 요셉은 그가 이전에 이루었던 일을 다시 시도해야겠다고 생각했습니다. 그는 자기 아버지라면 시도했을 그일이 무엇인지를 알고 있었습니다.

집에 있었을 때, 요셉은 자신의 나이에 맞게 형들과 함께 양을 치면서 리더십의 재량을 보여주었고 목자로서 자신의 목표를 이루어가고 있었습니다. 그러다가 노예로 팔리게 되었고 그 때부터 요셉은 재산을 관리하는 사람이 되어 자신의 인생을 다시 건축했습니다. 이제 감옥에 던져진 그는 감방의 방장이 되어 자신의 인생을 다시 세울 필요가 있었습니다. 이제 네 번째 단계로 그는 이집트를 가장 융성한 나라로 세웠나갔습니다. 네 번째 단계를 성공하고 나서 그는 제대로 일 할 수 있는 기회와 갈기갈기 찢어진 가족과의 관계를 다시 세울 수 있었습니다.

용서는 건축과 재건축에 대한 이야기와 같습니다. 용서는 앉아서 배웠던 어려운 일을 실행으로 옮기며, 생각하고, 풀리지 않는 수수께끼를 풀어가면서 주어진 삶을 다시금 조정하는 것입니다. 그렇게 함으로써 우리 자신에게 다시금 능력을 부여하며 이미 우리에게 주어진 것들 가운데서 뭔가 좋은 것을 창조해내는 일입니다. 정의를 의지하면서 우리의 삶을 다시 일으켜 세우는 일은 아마도 오랜 시간이 걸릴 것입니다.

1. 감옥에서 요셉은 자신의 상황을 어떻게 조절해 나갔는가?

2. 당신의 인생 중에 있었던 불운의 상황을 잘 조절한 적이 있다면 언제였으며 그 내용은 무엇이었는가?

D. 깊이 있게 생각해 보기
우리 자신을 조절하고 능력을 갖추기 위한 도전

대부분의 상황에서 우리 자신을 조절하고 능력을 갖춘다는 말은 제멋대로 살거나 용서하지 않겠다는 소리로 들릴 수 있다. 그러나 어떤 사람이 우리를 아주 불공평하게 대하고 우리를 통제하려들 때, 우리는 이러한 상황을 다루기 전에 자신에 대한 확신을 갖고 치유에 필요한 시간을 가져야 한다.

그리스도의 제자인 우리에게 주어지는 명령은 서로 도우라는 것이다. 항공사에 소속된 승무원은 비상사태가 일어날 때를 대비하여 승객들이 어떤 절차를 밟아야하는지 자세히 설명한다. 그들은 자신이 먼저 산소마스크를 착용한 후에 함께하고 있는 자녀들을 도와야 한다는 사실을 상기시켜 준다. 아이들의 생명을 구하려면, 승객 자신이 먼저 도울 힘이 있어야 한다.

용서를 위해서는 건강한 환경이 필요하다. 건강한 환경은 지혜,

지식, 그리고 확신에서 나온다. 정의에 대한 문제가 생겨나면, 우리는 마음 속에서 중요한 생각을 실천하고, 그에 따라 문제를 해결해야 한다.

불의는 엄청난 힘의 불균형을 일으키므로 온전한 용서나 화해가 일어나기 전에 수정되고 다시 세워져야 한다. 만약 용서가 연약함에서 나오는 것이라면, 그것은 강제적으로 일어난 것이거나 폭력의 순환 고리에 위치해 있는 어떤 약자의 결점에서 비롯됨을 암시하는 것이다. 자신을 부양하지 않을까봐 자신을 학대한 남편을 용서하겠다고 주장하는 여성들의 용서는 참된 용서가 아니다. 그들은 어떤 선택도 하지 못할 것이다. 주어진 상황에서 최선의 선택처럼 보일지 모르지만, 그것을 참된 용서라고 할 수는 없다. 용서는 생존이 아닌 희생의 산물이다. 한 쪽은 선택과 강함의 자리이며 또 다른 편은 절망과 자포자기의 자리이다.

십자가에서 죽으신 그리스도의 능력과 우리를 향한 그의 용서는 그가 수만 명의 천사들을 불러서 그의 죽음을 피할 수 있음에도, 그렇게 하지 않았다는데 있다.

마찬가지로 요셉은 수만 명의 이집트 군사들을 불러서 형들을 죽일 수도 있었지만, 그렇게 하지 않았다. 대신에 그는 인내와 불굴의 의지를 가지고 자신의 관계를 다시 세워나갔다.

불공평한 대우를 받은 상황에서 관계를 다시 세운다는 것은 어려운 일이다. 그러나 요셉과 마찬가지로, 그 누구도 우리 자신의 삶을 다시금 세워줄 수는 없을 것이다. 그리스도인으로서 우리는 그리스도 안에서 삶을 세워나가는 지속적인 건축가들로 부름 받았다. 우리는 이 세상의 빛과 소금이다. 우리가 새로운 재료들을 사용하여 새로운 삶을 건축하든, 재활용 재료들을 사용하여 삶을 재건축하든, 혹은 전쟁 후에 사회를 복구하는 것이든, 우리에게 주어진 사명은 건축이다.

우리에게 이미 일어난 일을 바꿀 수는 없지만, 미래에 일어날 일을 위해 무엇을 세울 것인지는 분명하게 선택할 수 있다. 우리에게 주어진 불의는 엄청난 배움과 베풂의 자리가 될 것이다.

E. 용서에 반응하기

용서란 당신에게 남겨진 일을 시작하는 새로운 출발이다. 모임에 참여한 사람에게 자신의 삶을 건축해 나간다는 것이 무엇을 의미하는지 물어보라. 자신의 인생 속에 부서진 파편들은 어떤 것들인지 목록을 작성해 보고 그러한 파편들을 제거하기 위해 계획을 세워보라.

F. 주기도문으로 마무리하기

침묵으로 묵상의 시간을 가진 후에 주기도로 모임을 정리하라.

하늘에 계신 우리 아버지,

아버지의 이름을 거룩하게 하시며

아버지의 나라가 오게 하시며,

아버지의 뜻이 하늘에서와 같이

땅에서도 이루어지게 하소서.

오늘 우리에게 일용할 양식을 주시고,

우리가 우리에게 잘못한 사람을 용서하여 준 것같이

우리 죄를 용서하여 주시고,

우리를 시험에 빠지지 않게 하시고

악에서 구하소서.

나라와 권능과 영광이 영원히 아버지의 것입니다.

아멘.

태풍의 눈

진퇴양난의 상황에서
무엇을 할 것인가?
What do I do
if I am stuck?

다섯 번째 만남

태풍의 눈
진퇴양난의 상황에서 무엇을 할 것인가?

A. 목적

이번 장의 목적은 사랑 안에서 행동하는 구체적 방식들을 보여주기 위함이다.

B. 개관 및 토론

태풍의 눈은 잔잔한 바람, 그러나 거짓된 잔잔함에 의해 형성되는 회오리바람의 중심에 있는 구멍을 지칭한다. 아직 시작되지 않은 용서와 관련지어 생각할 때, 이 태풍의 눈은 종종 살얼음판을 걷는 것으로 묘사되기도 한다. 물러나기에는 너무나 위험스럽고, 앞으로 나가기에는 너무나 불안한 상황이다. 잠깐의 잔잔함을 넘어서 앞으로 나아간다는 것은 우리로 하여금 다시 태풍과 용감하게 맞서 싸울 것을 요구한다. 이렇게 할 때에만 의도적으로 취하게 될 우리의 다음 단계인 희생적인 사랑으로 문제를 해결할 수 있다.

용서를 이야기하면서 이러한 토론을 하는 이유는, 종종 우리 주변에서 빙빙 돌고 있는 바람들, 즉 태풍의 눈 안에 있는 우리 자신을 발견할 수 있기 때문이다. 태풍의 눈이야말로 용서로 나아가는 파격적인 행동과 중요한 결정이 일어나는 곳이기 때문이다. 겟세마네 동산에서 예수는 자신이 태풍의 눈 안에 있음을 발견하셨다. 그리스도인의 믿음으로 볼 때 그의 결정과 파격적인 행동은 우리를 십자가로 나아가도록 안내한다.

토론을 위한 질문

1. 우리 자신이 태풍의 눈 안에 있는지 알 수 있는가?

2. 당신의 상황 속에서 취할 수 있는 파격적인 행동에는 어떠한 것이 있는가?

3. 이러한 파격적인 행동에서 당신이 기대하는 반응은 무엇인가?

C. 이야기 나누기
1. 민들레 아줌마

몇 시간 동안 우리는 이웃집의 뜰에 있는 작은 언덕에서 서로를 밀치며 꼭대기에 먼저 올라가 앉는 '왕의 자리 차지하기' 게임을 하고 있었습니다. 한 아이가 작은 언덕으로 올라와서 왕이 된 것처럼 자리를 차지하고 있으면, 다른 아이들이 그를 언덕 아래로 굴려

버리는 일종의 밀어내기 게임이었습니다. 이 언덕은 이러한 놀이를 하기에 아주 좋은 장소였을 뿐만 아니라, 옆에 조그마한 실개천이 흐르고 있어 더 없이 분위기가 좋았습니다. 만약 게임이 좀 더 재미있게 되면 언덕 위에 자리를 차지하면서 거만을 떠는 왕을 밀쳐내어 개천으로 굴려버릴 수도 있습니다.

어느 날 우리가 시끌벅적 그 언덕을 오르내리고 있을 때, 이웃집 아주머니가 빗자루를 휘저으며 나와 자기네 뜰에서 우리를 쫓아 내려고 했습니다. 헐렁헐렁한 모자에 늘어진 옷을 입고 찌푸린 얼굴을 하고 우리를 쫓아 다니던 그 아주머니는 마치 헨젤과 그레텔에 나오는 마녀를 연상시켰습니다. 결국 아주머니는 우리 놀이의 한 부분이 되었습니다. 우리는 게임을 하면서 아주머니가 나오면 즉시 도망갈 수 있도록 늘 한 눈은 그 집을 주시했습니다. 그 가엾은 아주머니는 점점 더 우리 게임에서 빠지면 안 되는 역할을 담당하게 되었습니다.

어느 날 어머니는 나에게 막 구워낸 쿠키를 건네주며 이웃집에 갖다 주라고 시켰습니다.

"옆집 아주머니가 한동안 교회에 나오지 않더구나. 아주머니가 잘 지내시는지 내게 알려 주려무나"라고 어머니께서 말씀하셨습니다.

나는 이런 저런 핑계로 심부름에서 빠져나가기를 시도했지만, 어머니께는 통하지 않았습니다. "옆집 아주머니와 시간을 좀 보내고 오렴. 혼자 외롭게 사시는 분이셔"라는 말을 덧붙이셨습니다.

그때처럼 심부름이 무서웠던 적은 없었던 것 같습니다. 왜냐하면, 그 집으로 연결되는 다리를 건너거나, 나무들이 잔뜩 자라있는 집 앞을 걷는 모습이 그녀의 눈에 띄기라도 하면 곧 빗자루를 들고 뛰쳐나올 것이 분명하기 때문입니다. 나는 쿠키가 든 접시를 들고 도망 다니다 쿠키를 모두 떨어뜨리는 나의 모습을 상상해보았습니다. 얼마나 창피한 일이며 그 일을 어떻게 어머니에게 설명 할 수 있겠습니까?

나는 겁에 잔뜩 질린 모습으로 쿠키 접시를 높이 들고 옆집으로 나있는 길을 따라 들어갔습니다. 마음의 평정을 유지하고자 하는 나의 눈에 옆집의 하얀 깃발이 들어왔습니다. 집에는 아무런 인기척이 없었습니다.

나는 문을 똑똑 두드렸고 한동안 기다렸습니다. 마침내 문이 열렸습니다. 그녀는 내가 들고 있는 쿠키를 본 듯, 나를 집안으로 맞아들여 주었습니다. 그녀는 내가 까무러칠 정도로 환한 미소를 짓고 있었습니다.

그녀의 집은 아주 신기한 물건들로 가득 차 있었습니다. 내가 물건들에 관심을 보이자 그녀는 나에게 물건들을 하나씩 돌아가며 보여주었습니다. 방 하나에는 병들과 여러 진기한 그릇들이 가득 차 있었는데, 그곳은 민들레를 가공 처리하는 방이었습니다. 그녀는 사람이 거들떠보지도 않는 민들레의 영양가가 어떤지, 얼마나 아름다운지, 얼마나 훌륭한 와인이 될 수 있는지 등, 민들레가 얼마나 경이로운 식물인지 잘 설명해주었습니다.

나는 우리 집의 생활과는 완전히 다른 별난 세계에 와있는 듯 한 느낌을 받았습니다. 그녀에게 완전히 홀려서 한참 동안 그 집에 머물러 있었습니다. 그때부터 우리는 그 아주머니를 '민들레 아줌마'라고 부르기 시작했고, 그 때부터 어떤 변화가 일어났습니다. 그녀는 빗자루를 들고 우리를 쫓아내려고 하지도 않았고, 만약 우리가 아주머니의 뜰에 있는 언덕에서 놀고 싶다면 언제든지 허락을 받고 놀 수 있게 되었습니다. 쿠키를 담은 접시와 더불어 용서가 공포와 미움의 영역을 넘어서게 되었습니다.

우리는 불편한 상황 때문에 움츠려들거나 상처를 준 사람에게 친절을 베풀지 않으려는 각자의 성향과 싸워합니다. 한 쪽 구석에 앉아서 불평만 쏟아 놓아서는 안 될 일입니다. 용서가 의미하는 바는 그들이 어떻게 하든 상관없이 우리의 생활 영역 안에 있는 모든 사람을 친절한 마음으로 대해야 한다는 것을 의미합니다.

2. 요셉과 도둑맞은 은 잔 창44:4~45:15

요셉은 자신의 사환이 돌아오기를 간절히 기다렸습니다. 그것은 결코 유쾌한 장면이 될 수 없었기에 요셉도 마음 속으로 준비해야 했습니다. 이 마지막 시험에 대한 결과가 어떠한 감정의 모습으로 드러날지에 대한 보장은 전혀 없었습니다. 그는 사환에게 자신이 좋아하는 은잔을 베냐민의 옥수수자루에 숨겨놓으라고 명령했습니다. 그리고 나서 은잔을 훔친 사람을 체포하려고 사환에게 자기 형들을 뒤쫓게 하였습니다.

요셉은 이런 식으로 일을 꾸미는 것을 좋아하지 않았지만, 형들의 마음이 어떤지 알아볼 필요가 있었습니다. 만약 형들을 이집트에 초대해서 살게 하려면, 형들의 마음이 어떤지 알아야 할 필요가 있었습니다.

지난 밤, 요셉이 형들을 저녁 식사에 초대했을 때, 그는 자신이 동생 요셉임을 알리고 싶었습니다. 왜냐하면, 형들에게서 어떤 변화를 감지했기 때문입니다. 사실 형들은 자신의 가족에 대하여 이야기를 했고, 얼마나 가족들을 보고 싶어 하는지에 대하여 이야기를 나누었습니다. 그는 이집트 여인들을 보내서 유혹을 시도해 보았지만, 형제들은 이것을 받아들이지 않았습니다. 그러나 그가 베냐민에게 호의를 표시했을 때, 그리고 나이 순서대로 형제들을 앉으라고 했을 때, 그는 아무 것도 변한 것이 없다고 생각했습니다. 그들은 여전히 자리를 놓고 경쟁하는 듯이 보였기 때문이었습니다. 어쩌면 그가 너무 과민하게 반응을 했을지도 모르는 일이었습니다. 그는 형들에게 아주 지독한 상처를 받았었습니다. 그러니 그들의 모든 행동, 모든 것이 악한 계획으로 보이지 않았겠습니까?

그의 계획은 야곱을 설득시켜 자기가 있는 곳으로 모셔오는 것이었습니다. 그것이 결국 자신의 꿈을 실현시키는 길이었습니다. 그러나 요셉은 자기 가족을 바로에게 보여주기 전에, 형들의 마음이 어떤지 알 필요가 있었습니다. 아직도 요셉은 형들을 신뢰할 수가 없었습니다. 그래서 그는 한 가지 시험을 더 하기로 했습니다. 다음 날 이른 아침 그는 사환을 시켜 은잔을 베냐민의 자루에 숨기고 그들을 떠나보냈습니다.

그의 형제들이 체포되어 왕궁으로 되돌아 왔을 때, 그들은 요셉이 기대했던 것처럼 제정신이 아니었습니다. 이미 어른이 된 형들의 눈에서 흐르는 눈물을 보면서 그는 자신의 감정을 억제해야 했습니다. 요셉은 그렇게 자신의 역할을 감당해야 했습니다.

요셉이 형제들 앞에 나타났습니다. "나는 너희들을 환대해 주었건만, 이것이 너희가 나에게 되돌려주는 것이냐. 내 물건을 훔치다니. 그 대가로 베냐민을 이곳에 붙들어 두겠다."

그러고 나서 그들의 반응을 기다렸습니다. 그렇게 기다리면서 그들의 반응을 보아야 한다는 것이 그의 진정한 마음이었습니다. 바로 그 순간이었습니다.

유다가 앞으로 나섰습니다. 그의 마음은 아주 온화했고 확신에 차있으면서도 체념하는 듯 했습니다. "나리, 제가 그동안 있었던 일들을 말씀 드리겠습니다. 그러니 베냐민 대신에 나를 붙들어 두십시오. 베냐민은 반드시 저희 아버지에게로 돌아가야만 합니다."

그리고 유다는 그동안 있었던 모든 일을 차례로 이야기하였습니다.

그 순간이야말로 세상의 모든 것이 멈추어 버린 듯한 순간이었습니다. 모든 감정이 한꺼번에 몰려왔고 요셉은 가슴에 진한 피가 한꺼번에 뭉치는 듯한 느낌을 받았습니다. 드디어 격한 감정이 폭발하였습니다. 그 순간이야말로 요셉이 그토록 오랫동안 기다려온 순간이었습니다. 유다는 진정으로 후회하고 있었을 뿐만 아니라,

자기 가족을 위하여 자신의 목숨을 내놓을 준비가 되어있었습니다. 실제로 요셉은 자신의 형제들이 진정으로 아버지 야곱을 사랑하고 있으며 이전에는 결코 경험하지 못했던 가족을 위한 사랑을 느끼게 되었습니다.

그는 자신의 감정을 억누를 길이 없었으며 눈물을 주체할 수 없어 두려웠습니다. 그는 홀로 있을 장소가 필요 했습니다. 이제 자신이 요셉임을 알려야할 때가 온 것 같았습니다. 그것은 엄청난 모험이었습니다.

토론을 위한 질문

1. 요셉이 형들과 자신을 다시 연결하려고 썼던 계략에 대하여 어떻게 생각하는가?

2. 당신의 삶 속에서 깨어진 관계를 다시 잇기 위해 시도해 보았던 노력들이 있다면 어떤 것이었는가?

D. 깊이 있게 생각해 보기
경계선을 넘어 사랑을 표현하기

우리의 마음이 정말로 다시 관계하기를 허락하지 않는다면 공정하지 못한 처우 때문에 받은 상처는 완전히 치유되기가 힘들다. 어떤 사람에게 있어서 마음은 가장 상처입기 쉬운 부분이다. 우리가 싸우거나 도망가려는 욕망을 내려놓는 일은 얼마든지 가능하다. 욕망을 내려놓음으로써 우리는 삶을 다시 진척시킬 수 있으며 새로운 모습으로 우리의 관계를 세우며 성공적인 삶을 살 수 있다. 그러나 우리의 마음속에 분개와 증오와 쓴 뿌리를 없앨 때까지는 완전히 용서했다고 볼 수 없다.

성서는 원수를 사랑할 때까지 용서는 일어날 수 없음을 분명히 밝히고 있다.

출애굽기 23장4~5절: 네가 만일 네 원수의 길 잃은 소나 나귀를 보거든 반드시 그 사람에게로 돌릴지며 네가 만일 너를 미워하는 자의 나귀가 짐을 싣고 엎드러짐을 보거든 그것을 버려두지 말고 그것을 도와 그 짐을 부릴지니라

마태복음 5장43~48절: 또 네 이웃을 사랑하고 네 원수를 미워하라 하였다는 것을 너희가 들었으나 나는 너희에게 이르노니 너희 원수를 사랑하며 너희를 박해하는 자를 위하여 기도하라 이같이 한즉 하늘에 계신 너희 아버지의 아들이 되리니 이는 하나님이 그 해를 악인과 선인에게 비추시며 비를 의로운 자와 불의한 자에게 내려주심이라 너희가 너희를 사랑하는 자를 사랑하면 무슨 상이 있으리요 세리도 이같이 아니하느냐 또 너희가 너희 형제에게만 문안하면 남보다 더하는 것이 무엇이냐 이방인들도 이같이 아니하느냐 그러므로 하늘에 계신 너희 아버지의 온전하심과 같이 너희도 온전하라

누가복음 6장27~36절: 그러나 너희 듣는 자에게 내가 이르노니 너희 원수를 사랑하며 너희를 미워하는 자를 선대하며 너희를 저주하는 자를 위하여 축복하며 너희를 모욕하는 자를 위하여 기도하라 너의 이 뺨을 치는 자에게 저 뺨도 돌려대며 네 겉옷을 빼앗는 자에게 속옷도 거절하지 말라 네게 구하는 자에게 주며 네 것을 가져가는 자에게 다시 달라 하지 말며 남에게 대접을 받고자 하는 대로 너희도 남을 대접하라 너희가 만일 너희를 사랑하는 자만을 사랑하면 칭찬 받을 것이 무엇이냐 죄인들도 사랑하는 자는 사랑하느니라 너희가 만일 선대하는 자만을 선대하면 칭찬 받을 것이 무엇이냐 죄인들도 이렇게 하느니라 너희가 받기를 바라고 사람에게 꾸어 주면 칭찬 받을 것이 무엇이냐 죄인들도 그만큼 받고자 하여 죄인에게 꾸어 주느니라 오직 너희는 원수를 사랑하고 선대하며 아무 것도 바라지 말고 꾸어 주라 그리하면 너희 상이 클 것이요 또 지극히 높으신 이의 아들이 되리니 그는 은혜를 모르는 자와 악한 자에게도 인자하시니라 너희 아버지의 자비로우심 같이 너희도 자비로운 자가 되라

우리가 자신의 이야기를 풀어 놓을 때 다른 사람을 향해 믿음으로 다가설 수 있으며, 꺼리는 마음이 있지만, 사랑을 따라가고 있음을 발견하게 된다.

삶은 사랑 안에서 기대할 수 없는 파격적인 행동 때문에 변화한다. 그러한 변화는 우리 자신을 변화시키며, 우리를 미워하는 사람

까지 변화시키며, 우리 주변의 모든 사람이 변화하는 능력을 갖게 한다. 용서가 가져다주는 진정한 힘은 사랑의 토양 안에서 성장한 다는 것이다.

E. 용서에 반응하기

1. 모임에 참석한 사람을 세 그룹으로 나누어 "파격적인 몸짓"이 라는 게임을 해보라. 각 사람에게 파격적인 몸짓이 될 만한 행동을 하도록 요청하라. 그리고 나머지 사람이 그것이 무엇을 의미하는지 알아맞히게 하는 게임이다.

a) 결혼 신청

b) 선한 사마리아 사람

c) 십자가에 못 박힘

2. 그룹 토론 : 용서의 돌을 넘겨가면서 자신의 인생 속에서 체 험한 파격적인 행동에 관련된 이야기들을 나누도록 하라. 이것은 당신이 사랑하기 어려웠던 어떤 사람을 사랑하게 된 것에 대한 이 야기를 나누는 시간으로, 어떤 사람을 돕고자 당신이 치렀던 희생 이나 혹은 당신의 능력을 넘어서 행했던 어떤 이야기를 나누기 위 한 시간이다. 만약 시간이 넉넉하다면, 모임에 참여한 사람에게 다 음 주간에 그들이 실행할 수 있는 파격적인 행동에 대하여 생각할 시간을 주라.

3. 그룹으로써 함께 실행할 수 있는 친절한 행동에는 어떤 것이 있는지 이야기하고 모두가 동의하는지 물어보라.

F. 주기도문으로 마무리하기

모두가 손을 모으고 주기도로 모임을 정리하라.

하늘에 계신 우리 아버지,

아버지의 이름을 거룩하게 하시며

아버지의 나라가 오게 하시며,

아버지의 뜻이 하늘에서와 같이

땅에서도 이루어지게 하소서.

오늘 우리에게 일용할 양식을 주시고,

우리가 우리에게 잘못한 사람을 용서하여 준 것같이

우리 죄를 용서하여 주시고,

우리를 시험에 빠지지 않게 하시고

악에서 구하소서.

나라와 권능과 영광이 영원히 아버지의 것입니다.

아멘.

무지개의 약속

용서의 힘을
갖게 하는 것은 무엇인가?
What gives us the
power to forgive?

무지개의 약속
용서의 힘을 갖게 하는 것은 무엇인가?

A. 목적

이번 장의 목적은 용서의 과정에 하나님이 하실 역할이 있고, 하나님의 현존을 깨닫게 하기 위함이다.

B. 개관 및 토론

무지개는 찬란한 빛이 허공의 작은 물방울들이나 수정 프리즘과 같은 투명한 물체들을 통과할 때 생긴다. 성서에 따르면 무지개는 지구가 존재하는 한 다시 물로 생명을 멸하지 않겠다는 하나님의 약속을 상징한다. 그것은 하나님께서 우리 인생의 갈등 속에 있는 마지막 장을 친히 쓰시겠다고 하는 약속이다. 무지개의 약속은 우리가 용서하려고 노력할 때 하나님께서 적극적으로 함께 하실 것이라는 희망이기도 하다.

그동안 토론을 통해서 우리의 처한 상황이 어떤지 분명하게 살펴보고, 우리 인생에 자리한 구름 저편을 바라볼 능력을 갖게 되었다. 우리에게는 하나님의 빛이 우리 위에 항상 비추고 있다는 희망이 있다. 폭풍우가 그치길 기다리면서 우리는 용서의 삶이 무엇인지 그리고 하나님의 적극적인 현존하심이 무엇인지 묵상하도록 잠시 멈추어 설 필요가 있다.

토론을 위한 질문

1. 용서의 과정에서 당신은 어디에 위치하고 있는지 폭풍우에 비유해서 설명해 보라.

2. 만약에 당신의 상황이 처음 기대했던 방식대로 해결 되지 않는다면 어떻게 반응하겠는가?

3. 무지개를 통한 하나님의 약속이 용서를 실행하고자 하는 우리에게 어떻게 용기를 주는지 나누어 보라.

C. 이야기 나누기
1. 하나님께서 용서를 주재하신다

용서를 주제로 한 아주 유명한 토론 모임이 워싱턴Washington D. C.에서 열렸는데 그 모임에 초대를 받았습니다. 나 자신이 겪고 있는 용서의 여정은 매우 어려웠습니다. 나는 내려놓는 것에 대하여 아주 단순하게 정의했지만, 그것으로 충분하지 않음을 알게 되었습니다. 그들은 나에게 딸을 죽인 사람을 어떻게 용서하게 되었는지 끊임없이 질문했습니다.

미국에서 공부한 신학자들이 그 상황을 조사하려고 모였고, 나 또한 그 답이 무엇인지 찾고 싶었습니다.

우리는 도시 근교의 아주 훌륭한 호텔에 머물면서 이틀 동안 모임을 가졌습니다. 나를 제외한 테이블 주위의 모든 사람이 마치 용서의 자격이라도 갖추고 있다는 듯이 인상적인 줄을 목에 매고 있었습니다. 마침내 나는 정말로 내게 깨달음을 줄 수 있는 곳에서 원하는 사람을 만나게 된 느낌을 받았습니다.

교도소 펠로우십의 창시자인 척 콜슨Chuck Colson이 후원하는 용서에 관한 유일한 이 모임에 내가 어떻게 초대되었는지 몰랐습니다. 그러나 이 모임은 정말로 내게 필요한 용서에 대한 좋은 정의를 제때에 선사해준 모임이었습니다.

그러나 이 모임이 진행되는 동안, 내 마음은 점점 더 조마조마해졌습니다. 수많은 말과 표현들이 쏟아져 나왔지만, 그 중 아무것도 와 닿는 것이 없었습니다. 모임을 정리하고 떠나기 약 30분 전에 어떤 사람이 이렇게 물었습니다. "우리 모두, 용서가 무엇인지 제대로 정의를 하고 이야기하는 건가요?" 그 방은 침묵으로 고요해졌습니다. 몇 분이 그렇게 조용히 흘러갔습니다. 몇몇 용감한 사람이 전체 토론을 요약해서 설명하기는 했지만, 모두 그저그런 설명이었고 그다지 생명력이 없었습니다. 우리는 마무리를 하지도 못한 채 회의장을 떠났습니다.

택시 뒷자리에 올라앉은 시간은 다음 날 새벽 다섯 시였고 아직 어두움이 그대로 있었습니다. 그러나 택시 운전사는 매우 쾌활해 보였습니다. 그가 수다를 떠는 동안에도 내 마음은 여전히 가라앉아 있었습니다. 나는 아무런 말을 하고 싶지 않았습니다. 택시 운전사의 대화에도 끼고 싶지 않았습니다. 그냥 그렇게 침묵을 지키고 있었습니다. "너무 수다를 떨어서 죄송합니다"라고 택시 운전사가 부드럽게 말을 이어갔습니다. "그렇지만 밤새 아무 손님이 없었는데 이렇게 첫손님을 모시게 된걸요."

'나는 아직 모닝커피도 마시지 않았다' 고 하며 그에게 사과해야 할 차례였습니다. 그래서 나는 "아주 실망스런 회의를 막 떠나는 중이며 무척이나 혼돈스럽다"라고 말했습니다. 그날은 일요일 아침이었고, 나는 가족과 함께 있고 싶다고 했습니다. 그는 나를 이해해 주었습니다. 내가 하는 말의 억양은 캐나디언 식이었고 우리는 영어의 억양에 대하여 이야기를 나누었습니다. 내가 살인범죄에 관련된 일을 하고 있다고 하자, 그는 그 주제에 대한 자신의 마음을 털어 놓았습니다. 나는 미국에 있는 모든 도시 중에서 왜 그가 사는 워싱턴 시가 가장 살인 범죄율이 높은지 물어보았습니다.

그는 잠시 뭔가 생각하는 듯 했습니다. 그리고 그는 "내 형제들은 아직도 이 나라에 인종차별로 인한 노예화 및 빈곤의 문제가 존재하는 것에 대해 굉장히 분노해 있습니다. 그 분노 자체가 폭력으로 드러난 것이지요." 비록 그는 자기가 사는 도시 사람에 대하여 매우 슬프고 안타까운 마음으로 이야기하고 있었지만, 그는 마음에 어떤 분노와 괴로움 없이 말한다는 느낌이 들었습니다. 그는 아주 캄캄한 밤중에 기쁨과 밝은 빛을 비추고 있는 사람같이 보였습니다.

나는 그에게 물었습니다. "내가 보기에 당신은 전혀 화를 내지 않는 것 같습니다. 왜 그렇지요?" 그러자 그는 "나는 용서를 믿거든요"라고 아주 부드러운 목소리로 대답해 주었습니다. 그는 자유롭게 되는 것과 지나간 과거를 어떻게 떠나 보내야하는지, 순간을 껴안는 것이 무엇인지, 그리고 미래를 기다리는 것이 무엇인지에 대하여 아무 주저함도 없이 내게 말해 주었습니다. 그는 마치 어떤 정신이 말짱한 사람과 함께 이른 아침에 아주 좋은 대화를 하기 위해 밤새도록 운전해온 술 취한 운전사인 것처럼 느껴졌습니다.

그 순간 차 안에서 무슨 일이 일어났는지를 상징적으로 보여주기라도 하듯 태양이 떠올랐습니다. 그가 건네준 아주 단순한 몇 마디의 말 속에 우리가 이틀 동안 회의를 통해서 그렇게 애쓰고 찾아보려했던 '그 무엇'이 설명되었습니다. 그는 단순히 용서에 대한 설명 뿐만이 아니라, 용서라는 그 단어가 더욱 빛을 발하도록 설명했습니다. 그때 나는 공항에 도착하였고 내 안에 있던 상처와 아픔이 치유된 느낌을 받았습니다. 어떤 주일의 설교에서도 듣지 못했던 아주 감동적인 설교를 들은 느낌이었습니다.

그 순간이야말로 하나님께서 함께하신 시간이었습니다. 용서는 이야기 속에서 하나님을 찾는 것이며 하나님의 인도와 목적을 느끼는 것입니다.

2. 요셉이 반복하여 용서를 실행하다 창50:15~21

요셉은 그들이 다시 죄를 짓기 시작하는 모습을 보았습니다. 아버지가 돌아가셨고 형들 또한 나이를 먹어 늙은 사람이 되었습니다. 요셉의 집에 가까이 다가가면서 그들은 경계의 눈초리를 늦추지 않았습니다. 그들은 과거를 잊지 않고 있었고, 요셉 또한 과거를 잘 알고 있었습니다. 만약 요셉이 마음만 먹는다면 자신이 던져졌던 그 우물에서 죽음의 공포에 떨며 보냈던 시간들을 쉽게 회상했을 것입니다. 실제로 그 기억들은 결코 그를 떠나지 않았습니다.

"우리를 보호해 주시던 아버지도 이제 세상에 계시지 않은데, 이제 우리를 처벌할 겁니까?"라고 형제들이 물었습니다.

그것은 꽤나 낯선 질문이었습니다. 요셉은 형들의 눈빛에서 두려움을 보았고, 그 두려움이 무엇을 의미하는지 충분히 이해할 수 있었습니다. 그럼에도, 요셉은 그 질문을 대수롭지 않게 여기고 지나갔습니다. 그들이 살아남게 된 것이 정말로 아버지 때문이었다고 생각했을까요? 정말로 요셉이 그렇게 근시안적인 사람일 것이라고 생각했을까요? 만약 그가 정말로 형제들을 죽이기 원했다면, 아주 오래전에 그들을 죽일 수 있었을 것이라는 생각을 못했을까요?

그러나 이러한 상황과는 달리 요셉은 정말로 형들을 사랑하고 있었습니다. 요셉은 형들이 자랑스러웠습니다. 사실 그들은 새로운 나라에 와서 너무나도 잘 적응했고, 그가 기대했던 것처럼 자신들이 훌륭한 농부들임을 애굽 사람에게 보여주었습니다. 그들은 고센 땅에서 아주 화목하게 잘 살았습니다.

요셉은 그들의 인생 내내 하나님께서 목적하신 것이 무엇인지 보았기 때문에 형들을 충심으로 사랑할 수 있었습니다. 인생은 시간과 더불어 늘 새로운 의미를 갖게 되나 봅니다. 그는 하나님의 손길을 느끼며 살았습니다.

그는 자신이 꾸었던 꿈들을 기억하였고, 그 꿈들은 여전히 그에게 중요했습니다. 그는 곡식 단들이 자기에게 절하는 첫 번째 꿈이 이러한 것을 미리 암시했던 것임을 알게 되었습니다. 형들은 요셉의 꿈이 어떻게 성취되었는지, 그리고 자신들이 그 꿈을 위해 어떻게 역할을 감당했는지 깨닫지 못했습니다. 사실 꿈 해석 기술은 바로Pharaoh의 관심을 끌었고 이집트를 구해냈고 결국은 그의 모든 가족을 구해낸 것으로 요셉의 관심사요 그만이 가졌던 기술이었습니다.

그에게 일어난 모든 일에는 이유가 있었습니다. 그는 보디발의 집에서 일어났던 일과 그가 이집트에서 배운 기술들을 하나하나 잊지 않고 기억했습니다. 이러한 경영기술들은 곡식을 어떻게 저장해야 하는지와 나라를 어떻게 돌보아야 하는지에 큰 도움을 주었습니다.

그는 자신을 감옥으로 보냈던 거짓 고소 사건을 잊을 수 없었습니다. 그가 정치적으로 어떻게 생존해 나갈 것이며 어떻게 리더가 될 수 있는가를 배우게 된 것은 바로 그 감옥 안에서였습니다. 만약 그가 범죄자들을 이끌 수 있었다면, 그 어떤 그룹이라도 인도하지 못할 이유가 없었던 것입니다. 이러한 기술들은 자신의 깨어진 가족 안에 존재했던 상처와 아픔들을 해결하며 형들과 연합하고 신뢰를 세워나가도록 도와주었습니다.

요셉은 이러한 모든 것을 통해 하나님의 놀라운 기적들을 보게 되었습니다. 그는 "당신들이 악한 마음으로 그렇게 했을지 몰라도 하나님께서는 그것을 선으로 바꾸어 주셨습니다"라는 말로 형들에게 자신의 사랑이 진실임을 재확인시켜 주었습니다.

우리가 하나님의 관점으로 인생을 볼 때, 진정한 용서를 실천할 수 있습니다.

토론을 위한 질문

1. 비록 형들이 그에게 상처를 주었음에도, 요셉의 이야기는 행복하게 끝이 난다. 이러한 상황에서 요셉과 그의 형들이 가진 도덕적 책임이 있다면 무엇이겠는가?

2. 모든 이야기가 행복한 모습으로 끝나지는 않는다. 그렇다면 우리는 무엇을 해야 하는가?

D. 깊이 있게 생각해 보기
하나님의 손길을 찾으며 하나님의 인도를 신뢰하기

결국, 용서를 어떻게 정의하는 가는 문제가 되지 않는다. 언어만으로는 용서의 과정과 용서의 실제적인 행동을 제대로 설명해 낼 수 없고, 용서가 빚어내는 변화의 기적을 올바로 설명해 내지 못한다. 용서의 행동은 하나님께 모든 것을 맞추고자 하는 우리의 올바른 뜻our spirit, 정신에 의해 인도 받을 필요가 있다.

용서는 십자가의 속죄 사역에 근거한다. 하나님이 죄를 알지도 못하신 자로 우리를 대신하여 죄를 삼으신 것은 우리로 하여금 그리스도 안에서 하나님의 의가 되게 하려 하심이다.고후5:21 우리가 하나님의 용서를 경험할 때까지 그리고 그것이 다른 사람을 용서하는 능력으로 전환될 때까지, 용서는 완성되지 않는다. 용서의 행동과 우리가 생각하는 영적인 일들은 서로 떼어놓을 수 없다. 용서란 결국 하나님과 우리의 관계이며 그러기에 하나님께서는 궁극적으로 용서의 행위로 우리를 인도해 주시고, 용서할 수 있는 능력을 우리에게 주신다. 하나님의 성령은 우리가 용서의 모델을 따르도록 끊임없이 용기를 주신다.

용서는 하나님에게서 오는 것이다. 이 사실은 성서에 끊임없이 반복되어 나타난다. "아버지께서는 모든 충만으로 예수 안에 거하게 하시고 그의 십자가의 피로 화평을 이루사 만물 곧 땅에 있는 것들이나 하늘에 있는 것들이 그로 말미암아 자기와 화목하게 되기를 기뻐하심이라"골1:19~20 하나님은 용서를 좋아하신다. 하나님은 평화를 이루는 사람에게 상을 주시는 분이다.

이것은 우리가 용서할 수 있다는 확신을 갖게 한다. 우리가 용서할 수 없는 상황 속에 갇혀있으면 어쩌나 하고 염려할 필요가 없게 만들어 준다. 만약 우리가 용서하기 원한다면 하나님께서 우리에게 그 방법을 보여주실 것이다. 하나님께서 우리를 인도해 주실 것이다.

요셉의 인생에서 우리는 하나님이 어떻게 그와 함께 하셨는지 보았다. 그가 희생당하는 동안에도, 하나님께서는 그를 가르치셨고 그를 위로해 주셨다. 우리는 어떻게 하나님께서 그를 이집트의 통치자가 되게 하셨는지, 그리고 자기를 학대한 사람을 만났을 때 그의 위치가 얼마나 중요한지 보았다. 또한 하나님께서 형들의 마음을 변화시키고 계심도 잘 살펴보았다. 이 모든 일은 요셉이 스스로 만들어 낸 것이 아니다. 오랜 세월이 흐른 뒤 늙은 형들은 변함없이 오래된 자신의 상처들을 언급하였다. 안타깝게도 그들이 하나님께서 그들을 위해 어떻게 일하셨는가를 분명히 보기 시작한 것은 불과 그들의 생을 얼마 남겨 놓지 않은 인생 말년에서였다. 하나님께서 일을 이루어나가실 것이라고 신뢰하는 것은 엄청난 믿음이다. 우리는 하나님을 신뢰할 수 있어야 한다.

E. 용서에 반응하기

무지개는 아직 화창하지 않은 날에 주어지는 뜻밖의 아름다운 선물이다. 이번 장에서 배운 무지개의 약속이 가져다주는 놀라운 요소들을 사용해 보라.

모임 장소 한 가운데에 변화와 언약을 상징하는 빵과 포도주를 마련해 놓고 성찬을 나누도록 하라. 모인 사람과 함께 이번 장에서 배운 것을 생각하면서 성찬을 나누라.

더욱 더 많은 사람 혹은 그룹들과 함께 용서가 가져다주는 놀라운 일들이 어떤 것인지 이야기를 나누라. 그동안 사용해 오던 용서의 조약돌 대신에, 무지개의 약속을 상징할 만한 유리알, 수정, 프리즘, 혹은 무지개가 그려진 그림이나 자수와 같은 다른 물건을 찾아보라. 다음의 질문을 가지고 토론을 할 때 이 물건들을 사용하도록 하라.

a) 당신은 어떻게 용서의 과정에 하나님을 초대하겠는가?

b) 당신이 선택한 과정에서 하나님의 현존을 느낄 수 있는 곳은 어디인가?

c) 용서의 여정에서 당신이 가진 희망의 표시나 상징이 있다면 무엇인가?

F. 주기도문으로 마무리하기

참여한 모든 사람과 함께 주기도로 모임을 정리하라.

하늘에 계신 우리 아버지,

아버지의 이름을 거룩하게 하시며

아버지의 나라가 오게 하시며,

아버지의 뜻이 하늘에서와 같이

땅에서도 이루어지게 하소서.

오늘 우리에게 일용할 양식을 주시고,

우리가 우리에게 잘못한 사람을 용서하여 준 것같이

우리 죄를 용서하여 주시고,

우리를 시험에 빠지지 않게 하시고

악에서 구하소서.

나라와 권능과 영광이 영원히 아버지의 것입니다.

아멘.

쾌적한 날씨

어떻게 다른 사람을
용서로 초대할 것인가?

How do I empower
other to forgive?

쾌적한 날씨
어떻게 다른 사람을 용서로 초대할 것인가?

리더를 위한 메모

처음 모임을 시작하면서 우리는 "당신의 인생에서 용서가 가장 쉽게 이루어진 곳은 어디인가?"라는 질문을 던졌다. 아마도 모임에 참석했던 어떤 사람은 쉽게 용서하는 경험을 했겠지만, 어떤 사람은 그러한 해결과는 거리가 먼 상황 속에서 대화에 참여했을 것이다. 이번 장에서는 여러 가지 성공적인 이야기를 듣고자 한다. 그러나 참여한 사람에게 이야기를 나누라고 강요해서는 안 된다. 용서를 향한 과정이나 싸움은 아주 가치 있는 노력임을 상기시키라. 용서를 찾아 나서는 우리의 이야기를 나누는 과정에 다른 사람이 참여하도록 격려하라. 이러한 과정에 의해서 서로 영향을 받아 참여한 모든 사람이 용서에 관한 이야기를 나누며, 새로운 모습으로 살아가는 것이 우리의 소망이다.

A. 목적

이번 장의 목적은 용서를 공동체 안의 생활양식으로 정착시키는 것이다.

B. 개관 및 토론

잠깐 모든 것을 멈추고 환상적인 여름날을 상상해 보라. 하늘은 맑고 파란 하늘에 뭉게구름 넘실넘실 솟아오르는 모습을 상상해 보라. 공기는 부드러우면 상큼하다. 그런 날 인생은 더 없이 행복하고 만나는 모든 사람과 하루를 기쁨으로 보낼 수 있을 것이다.

이런 쾌적한 여름날을 느낄 수 있듯이 용서도 느낄 수 있다. 원하면 다른 사람 나눌 수도 있다. 그리고 이런 날이 더 많았으면 하고 바랄 것이다. 용서와 함께 우리는 상한 마음이나 여러 가지 갈등을 마주하게 되는데, 이 때 다른 사람에게 용서하라고 말하기 보다는 체험했던 용서의 능력에 대해 말하는 것이 좋을 것이다. 아름다운 날의 축복처럼 용서는 사람을 모여들게 하여 공동체의 결속력을 강화하고 관계를 더욱 견고하게 해준다.

토론을 위한 질문

1. 지난 6 주간 우리가 나누었던 이야기들이 용서의 사람이 되도록 어떻게 도움을 주었는가?

2. 함께 했던 그룹 외의 다른 사람과 용서의 과정을 나눈 적이 있는가? 용서의 과정에 대한 이야기를 들은 그들의 반응은 어떠 했는가?

C. 묵상을 위한 이야기들

1. 잔잔한 영향력

어느 해, 케니와 내가 함께 놀던 때였습니다. 우리가 놀던 곳에는 아주 많은 개구리 알들이 있었습니다. 곧 올챙이들로 변하게 될 부드럽고 조그마한 구슬모양의 개구리 알을 찾아다니는 것은 아주 흥미로운 일입니다. 우리는 개구리 알을 발견할 때마다 작은 깡통에 담았는데, 이 일은 한 번 시작하면 멈추기가 쉽지 않습니다. 개구리 알이 그리 많지 않은 해에는 올챙이를 보려고 큰 통을 준비하여 개구리 알을 넣어 놓기도 했습니다. 그러나 개구리 알은 통 안에서 부화하지 않습니다. 어쨌든 그 해에는 개구리 알이 많아서 우리의 통에 개구리 알을 쉽게 채울 수가 있었습니다. 우리는 개구리 알을 담은 통을 어디에 놓을지 생각해 보았습니다. 케니가 버려진 큰 구유모양의 통이 있다는 것을 기억해낼 때까지 우리는 이 많은 개구리 알을 어디에다 숨겨두어야 할지 몰랐습니다. 우리가 미끈미끈한 개구리 알들을 통에 가득히 채우면서 얼마나 행복했는지 모릅니다. 우리는 한 번도 가본 적이 없는 도랑 아래쪽까지 내려가서 다른 아이들과 경쟁을 하듯 개구리 알을 모아왔습니다.

그 큰 통에 물을 가득 담고 개구리 알을 놓아두었는데 이곳은 올챙이로 부화하기에 아주 완벽한 곳이었습니다. 곧 꼬리가 달린 올챙이들이 생겨났습니다. 며칠 뒤에 그 올챙이들은 다리를 내밀었습니다. 매일 매일 우리는 그 많은 올챙이가 어떻게 **빠르게** 성장하는지 놀라면서 그들의 변화를 점검하였습니다.

올챙이들이 개구리가 되었을 때, 이웃들이 이 사실을 눈치 채게 되었습니다. 그 해는 온 마을이 개구리 수난을 겪는 해가 되었습니다. 처음에는 개구리들이 어디에서 왔는지 아무도 눈치를 채지 못했습니다. 케니의 아버지는 케니가 그 일을 했다는 사실을 알고는 엄청나게 화를 내셨습니다.

우리가 한 일은 여러 가지 결과들을 초래했습니다. 심지어 아무 잘못이 없는 어린 아이들에게까지 영향을 미치게 되었습니다.

2. 야곱이 요셉을 가르치다창31:43~55

요셉의 아내 아스낫Asenath은 열 명의 형제들이 집을 빠져나가는 것을 보았습니다. 그녀는 야곱이 죽었기 때문에 어쩌면 남편이 그들을 죽일지도 모른다는 소식을 들었고 우연히 그들이 남편에게 요구하는 말을 엿듣게 되었습니다. 남편이 어떻게 반응할지 호기심이 생겼습니다. 그녀는 형들이 요셉에게 가한 고통이 얼마나 컸으며 요셉이 그들을 향해 분노를 품어왔다는 사실을 알고 있었기 때문이었습니다. 그녀는 요셉이 왜 빨리 보복하지 않는지 무척 의아하게 생각했습니다.

그녀는 "요셉, 언제까지 그들을 봐줄거예요?"라고 묻기도 했습니다.

"이제까지 그들의 미움과 의심과 싸우느라 당신이 당한 고통이 얼마나 컸는데요? 고통에서 당신이 어떻게 헤어 나왔는데요? 아마 당신에게 권력이 없더라고 그들을 포기했을 거예요." 이에 대한 요셉의 대답은 그의 아버지 야곱의 이야기에서 찾을 수가 있습니다. 라헬과 야곱은 몇 시간 동안 앉아서 그들의 과거에 대하여 이야기를 나누곤 하였습니다. 요셉은 여섯 살이었던 어느 한 날을 기억하였습니다.

"형들은 나와 함께 아무 것도 하려하지 않아요"라고 요셉이 부모님께 말했습니다. 그들이 목장으로 걸어 나오면서 야곱은 요셉에게 이야기 하나를 들려주었습니다. "요셉. 나의 외삼촌 라반도 나를 전혀 존중해 주질 않았단다. 외삼촌은 매번 약속을 지키지 않고 나를 학대하곤 했지. 그가 나에게 처음 약속한 것은 너의 어머니였어. 그런데 엄마와 결혼식을 올린 날, 외삼촌은 나에게 엄마대신 너의 큰 이모인 레아를 보냈지. 내가 외삼촌에게 그 일에 대하여 말하자, 만약 내가 외삼촌을 위해 7년 더 일을 한다면 엄마를 주겠다고 약속을 하셨지. 나는 엄마와 결혼하려고 아무런 돈도 받지 못하고 14년 동안 일을 했단다. 그게 공평한 일이라고 생각하니?"

"왜 그렇게 하셨어요?"라고 요셉이 물었습니다.

"나는 두 명의 아내가 있었지만, 내 자신이 먹고살 아무것도 없었지. 그래서 그 이후로 만약 내가 그를 위해 일을 계속한다면 나에게 임금을 주어야 일을 할 것이라고 조건을 내걸었지. 그리고 나는 그 대가로 모든 점박이 양을 달라고 했단다."

"점박이 양들이요? 무슨 생각을 하셨는데요?"

"나는 그가 매우 완고한 사람이라는 것을 알고 있었지. 그는 항상 나를 시샘했어. 그는 항상 자기에게 이득이 되지 않으면 그 어떤 일에도 동의하지 않는다는 사실을 나는 알고 있었지. 사실 그는 자기의 가족을 잃고 싶지 않았던 거야."

"그래서요?"

"내가 무엇을 하든지 하나님은 나를 축복해 주셨단다. 내가 할 수 있는 모든 일이란 열심히 일하는 것과 내 마음 속에 있는 하나님의 목소리를 듣는 것이었지. 나는 정말로 열심히 일을 했고 그것을 나 스스로에게 증명해 보였단다. 그래서 나는 부자가 되었지."

"그리고는요?"

"시기는 남모르게 진행되는 것이란다. 어느 날 외삼촌 라반의 마음속에 자리한 시기심이 나를 향한 증오심으로 바뀌는 것을 느낀 적이 있지. 나는 위협을 느꼈고 그 즉시 도망의 길을 떠나게 되었단다. 나는 레아와 너의 엄마를 데리고 도망을 쳤지. 왜냐하면, 라반이 나를 죽일 수도 있다는 것을 알았기 때문이야. 그러나 라반은 나를 죽이지 않았어. 하나님께서 나의 가족을 보호해주시겠다고 약속하셨거든. 요셉, 우리는 선택받은 사람이란다. 우리 가족은 역사 속에서 어떤 역할을 수행하고 있는 셈이야. 아주 힘든 일이었지만, 나는 라반을 만나게 되었고 우리는 평화를 위한 언약을 세웠단다. 결국 외삼촌이 모든 것을 이해하게 되었지."

그들은 자신들의 천막을 내려다볼 수 있는 작은 언덕 위에 도달했습니다. "사실 나는 아주 오래 동안 라반을 위해서 일했고, 그 후에서야 라반에게 자기의 딸들과 손자들을 위해 평화롭게 지낼 수 있도록 입지를 세우게 되었어. 그렇게 우리는 평화로이 각자의 길을 가게 되었단다. 가족의 화목과 평화는 아주 중요한 것이란다. 나는 도망가면 문제가 해결될 것이라고 생각했었어. 그런데 문제는 결코 그런 식으로 해결되는 것이 아니더구나. 평화는 서로 간에 이루어져야 한다는 사실을 알 필요가 있단다. 요셉. 너는 형들에게 존경 받을 필요가 있단다. 그리고 더더욱 네가 그들보다 유리한 위치에 있을 때, 그들과 평화할 수 있어야 한단다."

아스낫은 자신이 수없이 들어왔던 그 이야기의 뜻에 새삼 놀랐습니다. "만약 이 이야기들이 당신에게 영향을 미쳤다면 이야기를 기록해서 자손들에게 물려줘야지요"라고 말했습니다.

그러자 요셉은 자신의 이야기를 자세히 기록해 두었습니다.

토론을 위한 질문

1. 요셉이 자신의 가족과 다시 화목하게 된 동기는 무엇이었나?

2. 우리 가족 구성원 중에 혹은 친구들 중에 관계가 좋지 못한 사람과 다시금 화목하도록 만들어 줄 동기가 있다면 어떤 것들이 있는가?

D. 깊이 있게 생각해 보기
선함과 영향력 창조하기

용서의 과정은 매 순간 희생을 요구한다. 첫 단계는 우선 고통을 끌어안은 채 부당한 대우를 받고 상처를 받았던 그 자리를 따라가 보는 것이다. 그 다음에 우리는 받은 상처를 되돌려 주거나 화를 내는 자연스런 충동을 포기해야 한다. 우리 대신 다른 사람이 와서 우리의 상황을 고쳐줄 수 없다는 사실을 이미 요셉에게 배웠다. 새로운 모습으로 새로운 삶을 재건하기 위해 삶 속에서 자신에게 주어진 책임을 짊어져야 한다. 우리의 삶을 일으켜 세우고, 때로는 우리에게 상처를 준 사람의 삶까지 다시 회복시켜줄 수 있어야 한다.

다음 단계는 비록 우리가 그렇게 느끼지 못하더라도, 너그럽게 행동하도록 우리 마음의 도량을 넓혀야 한다. 하나님은 항상 우리가 시도하는 모든 것을 축복하시며 기적과 같이 우리의 마음을 변화시켜 주신다는 믿음을 소유해야 한다. 용서가 일어나더라도 우리 스스로에게 돌릴 공로는 아무것도 없다.

분노에 갇혀 마음문을 굳게 닫은 사람에게 상대를 용서하도록 도와야 한다면 어떻게 하겠냐는 질문을 나는 일 년 내내 받는다. "그 사람은 사실 다른 사람에게 화를 내는 것이라기보다는 원한에 사무쳐 자신과 자신의 주변에 있는 사람을 파괴하고 있는 것입니다"라는 말도 자주 듣는다.

그러한 사람에게 용서해야만 한다고 말해 줄 수는 없다. 우리는 용서를 빌미로 다시 사람에게 죄의식을 갖게 해서는 안 된다. 왜냐하면 용서는 개인의 자유로운 선택에 의해서만 이루어지기 때문이다.

용서가 일어나도록 치유가 행해지고 이러한 치유와 용서가 널리

퍼지도록 하는 유일한 방법은 지속적으로 용서를 실행하며 용서에 대한 모델을 만들어 나가는 것이다. 용서는 경험을 통해서 배우는 것이기 때문이다.

우리는 우리가 어떻게 치유되었는지, 우리가 어떻게 갈등을 다루고 극복했는지를 자녀들에게 보여주고, 우리가 화났을 때에 어떻게 화를 멈추는지를 아이들에게 보여주고, 그리고 다른 사람에게 받은 상처를 돌려주는 대신 우리 스스로가 꿀꺽 삼켜버리는 모습에 관한 이야기들을 계속 들려주어야 한다. 그들에게 삶을 어떻게 일으켜 세우는지, 어떻게 능력있는 사람이 되는지 보여주어야 한다. 우리가 사랑하는 사람이든 우리에게 상처를 준 사람이든 우리가 차별 없이 넓은 아량을 베푸는 모습을 자녀들이 볼 수 있어야 한다. 그러면 그들은 우리의 삶 속에 하나님의 손길이 얼마나 아름답게 미치는지 알게 될 것이다. 우리가 이런 모습을 보여준다면 자녀들에게 모든 것을 일일이 말할 필요가 없을 것이다.

E. 용서에 반응하기

우리는 생사를 가름하는 폭풍우를 빠져나오고 나서 살아남게 된 것을 감사하며 이를 축하할 시간이 필요하다. 잔치는 여러 가지 모습으로 준비할 수 있다. 어른들을 위해서는 특별한 음식과 음료수가 준비된 식사, 어린이들을 위해서는 풍선, 선물, 꾸러미를 준비해서 파티를 열어주면 좋을 것이다.

1. 마지막 모임을 잔치로 보내는데 시간과 예산이 얼마나 있는지 미리 계산해 보라. 아주 간단하게는 커피와 쿠키 정도를 준비해도 좋을 것이며, 아니면 별도의 간단한 아침 식사 혹은 점심식사를 하는 것도 좋을 것이다. 아니면 동전을 넣거나 기대할 수 없는 귀한 물건을 넣어 깜짝 케이크를 굽는 것도 좋을 것이다. 예쁜 식탁보와 냅킨, 양초, 꽃, 풍선 등 잔치 분위기를 연출할 만한 특별한 물품을 사용하여 모임장소를 장식해도 좋을 것이다. 모임을 마무리하면서 그동안 모임에 참석했던 각 사람에게 상징적인 선물이 될 만한 조그마한 장식품, 퍼즐, 파티 용품, 캔디, 혹은 당신이 사는 마을을 둘러보라는 의미에서 지도 등 선물 봉지를 준비해보는 것도 생각해 볼만할 것이다.

2. 그동안 모임에서 사용해왔던 용서의 돌을 사용하는 대신에, 이번에는 잔치의 용품으로 자주 사용되는 풍선이나 생일 초가 들어 있는 상자를 넘기면서 다음의 질문에 따른 이야기를 나누어 보라.

a) 용서를 회피하면 어떠한 결과들이 초래되는가?

b) 기꺼이 용서를 할 때에 주어지는 결과는 어떠한 것들이 있을까?

c) 당신의 일상생활을 통해 용서의 모델이 되려면 어떻게 해야 할까?

F. 마무리하기

주기도로 전체 모임을 정리하라. 만약 모임에 참여한 사람이 주기도문 찬송을 다 안다면 기도를 하는 대신에 노래를 부르도록 하라.

하늘에 계신 우리 아버지,
아버지의 이름을 거룩하게 하시며
아버지의 나라가 오게 하시며,
아버지의 뜻이 하늘에서와 같이
땅에서도 이루어지게 하소서.
오늘 우리에게 일용할 양식을 주시고,
우리가 우리에게 잘못한 사람을 용서하여 준 것같이
우리 죄를 용서하여 주시고,
우리를 시험에 빠지지 않게 하시고
악에서 구하소서.
나라와 권능과 영광이 영원히 아버지의 것입니다.
아멘.

부록
Appendices

A. 용서 이야기
Stories of Forgiveness

B. 추천 도서
Suggested Reading

용서 이야기

필요한 만큼 가져가시게!

남식은 종종 동료들이 상호에 대하여 이야기하는 데 끼곤 했습니다. 상호는 말할 때마다 듣는 이들을 짜증나게 했으며 논쟁적이고 밉살스런 사람이었습니다.

남식이 감정을 실어서 상호를 흉내를 내며 "이 모임에 상호가 없으면 더 나은 자리가 될 거야"하자 모든 사람은 고개를 끄덕였습니다. 그때 그 방을 향해 다가오던 상호가 우연히 이 말을 들었습니다.

며칠 뒤에, 상호는 남식에게 자기 사무실로 오라고 하였고 그가 한 말에 대하여 기분이 좋지 않다는 표현을 하였습니다. 남식은 매우 놀랐습니다. 남식은 "이 친구는 내 말에 큰 상처를 받았더군요. 비록 겉모양은 상당히 강한 것 같았지만, 실제로는 매우 약한 사람이었던 것이지요"라며 회상했습니다.

"그래서 저는 사과했습니다. 그다지 환영받지 못하는 사람이라 할지라도 여전히 존중받아야할 필요가 있다는 사실을 그때서야 깨달았거든요."

시간은 흘렀고 다른 직원들이 험담과 불평을 계속해도 남식은 그와의 약속을 지켰습니다. 그는 상호와 한 약속을 잘 지키고 있다는 사실에 대하여 기분이 좋았고 둘의 관계도 상당히 좋아졌습니다.

어느 토요일이었습니다. 남식은 몇 가지 심부름을 할 일이 있어서 쇼핑센터로 차를 몰았습니다. 그가 자기의 차에서 나오면서 주머니를 만져보았고 지갑을 두고 왔다는 것을 알게 되었습니다. 다시 집에 다녀오면 한 시간이 날아가 버리게 될 사람이었습니다. 그때 주차장 저편에서 자기를 향해 다가오는 상호를 보았습니다. 상호가 자기에게로 오면서 "지갑을 깜박한 모양이로군?"라고 인사를 했습니다.

상호는 자기의 지갑을 꺼내 여러 종류의 지폐들을 열어 보이며 친절을 베풀었습니다. "필요한 만큼 갖다 쓰시게"라고 제의했습니다. "어디서 일하는지 아는 사람이니 빌려줄만 하지 않은가"하며 빙그레 웃었습니다.

놀라면서 남식은 상호가 들고 있는 지폐 중에서 20불짜리 한 장을 가져갔습니다.

"험담은 그 목적하는 바가 항상 악할 뿐입니다. 험담의 의도는 평화를 창조하기는커녕, 항상 갈등을 빚게 마련이지요. 그 20불은 상호가 나를 용서한다는 진정한 표시였습니다." 남식이 말했습니다.

빛이 들어오다

한 가지만 빼놓는다면 그 아파트는 위치며 가격이며 나무랄 데 없는 완벽한 집이었습니다. 체구는 작지만, 만만치 않게 생긴 아파트 매니저는 세 명의 아이 엄마로 혼자 사는 남자들을 별로 좋아하지 않았습니다. 사실 밥이 딱 그 상황이었습니다. 그가 방을 얻으려고 지원을 했을 때, 그 여자는 어쨌든 이사를 들어오라고 했습니다.

그러나 그 완벽한 새집에서 사는 것은 쉽지 않았습니다. 매니저는 이런 저런 규율을 적용하고 규율이 없으면 만들어가면서 모든 것을 아주 가혹하고도 지나칠 정도로 세심하게 건물을 관리했습니다. 그녀는 마른 크리스마스 트리를 복도로 끌고 가다가 장식용 바늘을 하나 떨어뜨린 한 입주자에게 50불의 벌금을 추징했습니다.

현철은 규칙들을 잘 따랐지만, 여전히 매번 매니저가 정해놓은 위반 규칙들에 때문에 한 시도 편할 날이 없었습니다. 그녀는 그가 집에 있지도 않았는데 파티를 너무 시끄럽게 했다고 비난하기도 하고, 현관부터 자기 집 문 앞까지 나무 성냥개비로 길을 만들어 놓았다고 허물을 뒤집어씌우기도 했습니다. 그녀는 현철에게 음악 소리가 너무 크고 우편함에서 편지들을 제때에 가져가지 않았으며, 복도에 신발 자국을 남겼다고 흠을 잡기도 했습니다. 그녀는 끊임없이 그를 괴롭혔습니다. 그러나 그는 그 아파트가 너무 맘에 들었기 때문에 기관소총과도 같은 그녀의 끊임없는 비난을 참아냈습니다.

어느 날, 현철은 긴 하루 일과를 마치고 피곤한 모습으로 자기의 집이 있는 3층으로 올라가고 있었습니다. 현철은 자기 머리 위에서 자그마한 두 단짜리 사다리를 놓고 비틀거리며 복도의 전구를 갈아 끼우는 매니저를 보게 되었습니다. 사다리가 짧아 손이 전구에 닿을 듯 말듯 했습니다.

키가 큰 현철은 그녀에게 도와주어도 되겠냐고 물어보았습니다. 그녀는 현철을 바라보면서 입을 꾹 다문 채, 도움을 요청하는 신호로 조용히 전구를 그에게 건네주었습니다.

현철은 그 상황을 떠올리며 "그녀는 굉장히 당황한 것 같아보였습니다"라고 표현했습니다.

그가 새 전구를 갈아 끼우려고 오래된 전구를 그녀에게 건네주자 그녀는 "이제껏 한 번도 나에게 이런 친절을 베푼 사람이 없었는데, 기분이 아주 좋은데요?"라고 말했습니다.

그 순간, 새로운 관계가 시작되었습니다. 그가 두 번째 자동차를 사서 뭔가 수리할 일이 생기자 그녀는 다른 주차 공간을 사용하도록 해주었습니다. 혼자 사는 남자에 대한 그녀의 태도는 완전히 바뀌었습니다. 쓰레기로 뒤범벅이 되어서 그녀가 치우기를 원하지 않았던 곳도 말끔히 청소가 되었습니다. 그리고 지금 그녀는 현철을 새로운 눈으로 보기 시작했습니다.

"마치 고장났던 전구에 불이 들어오는 순간과도 같았지요"라고 현철이 말했습니다. "한 순간의 작은 친절이 그녀를 바꾸어 놓았습니다. 힘의 역학을 완전히 변화시킨 사건이었습니다. 용서는 아주 작은 곳에서부터 시작된다고 봅니다."

쿠키의 신비

아장아장 걷는 두세 살짜리 아이와 이제 갓 태어난 아이의 엄마인 선희는 전화 저쪽 끝에서 들려오는 소리를 들었을 때 움찔했습니다. 아주 오랫동안 잊고 지냈던 고등학교 및 대학 시절의 친구가 이제 아주 바쁜 정신과 치료의사가 되어 특별한 요청과 함께 그녀에게 전화를 걸어온 것입니다.

간단한 질문들을 마치고 나서 그 친구는, "대학에 있을 때, 네가 사람을 도우려고 돌렸던 그 쿠키 상자를 기억하니?"라고 물어왔습니다. "다음 날 냉장고에 넣었던 그 쿠키 상자가 거의 빈 것을 보고 나서 너는 엄청나게 화를 냈었지. 내가 너에게 말하고 싶은 것이 있는데, 사실 나도 그 쿠키를 좀 먹었는데 너에게 한 마디도 꺼내지 못했어. 많이 늦었지만, 나를 용서해줄 수 있겠니?"

불면증에 시달리는 선희의 기억력으로는 거의 생각조차 나지 않는 일이었습니다. 거의 15년 전의 일을 이 친구가 불현듯 꺼낸 이유에 대하여 의아해 하면서 선희는 "물론이지, 용서하구 말구. 그런데 그동안 어떻게 지냈니?"라고 말했습니다.

아주 짧은 대화 후에, 선희는 전화를 끊고 그것이 의미하는 것이 무엇인지 곰곰이 생각해 보았습니다. 틀림없이 대학 시절의 쿠키 사건에 대해 화를 냈던 기억은 또렷했습니다. 그러나 그녀의 고함소리 다음에는 무슨 일이 있었는지는 하나도 기억나지 않았습니다. 그런데 수많은 세월이 지난 후에 다짜고짜 어떤 사람이 전화를 해와서 자기도 기억하지 못하는 일에 대하여 용서해달라고 요청을 해왔습니다. 아마도 그 친구에게는 분명 뭔가가 남아있던 모양이었습니다.

선희가 대학 동문회에서 이 친구를 만나기까지는 다시 몇 년이 지났습니다. 지난 20년 동안의 세월의 무상함과 함께 기숙사를 둘러보며 함께 웃고 즐거운 시간을 보낸 후, 선희는 그 친구와 따로 시간을 갖자고 제의했습니다. 우선 선희는 "오랜 세월이 지난 후에 나에게 전화를 한 이유라도 있었니?"라고 몇 년 전의 전화통화를 기억시키며 친구에게 물었습니다. 그 친구의 대답은 아주 간단했습니다. "나는 내 양심 속에 늘 자리하고 있던 내 조물주를 만나고 싶지 않았어."

선희는 그 일에 대하여 다음과 같은 설명을 덧붙였습니다. "사실 전화 통화에서 그 친구가 원했던 것을 주었지만, 그 친구는 나에게 더 많은 것을 주었습니다. 친구는 내가 기억하든 말든 자기가 15, 6년 전 쿠키를 훔쳐 먹었던 장본인이라는 것에 대하여 아무런 경고도 없이 전화로 고백했습니다. 그것은 사실 쉬운 일이 아닙니다. 자기 양심 속에 있던 잘못된 행위를 덮어두지 않고 끄집어내는 용기를 보여준 것입니다. 그리고 너무 작아서 용서를 구하지 않아도 되는 행위는 없다는 사실을 내게 가르쳐 주었습니다. 나는 그 쿠키 사건에 대하여 어떤 감정도 없었습니다. 다만 내 자신이 가진 작은 잘못 뿐만 아니라 정말 용서를 구해야할 큰 잘못에 대해 꼭 용서를 구하는 용기 있는 사람이 되기를 희망할 뿐입니다."

선생님 용서하기

조숙하고 쾌활한 학생이었던 혜숙은 아주 탁월한 상상력과 창조적인 재능을 갖고 있었습니다. 혜숙이 5학년이 되었습니다. 그녀의 연기력은 모든 선생님이 익히 아는 바였습니다. 비록 연기를 담당하는 선생님은 자신의 학생들이 최상의 실력을 발휘하도록 성실히 노력하는 상냥하고 양심적인 선생님이었지만, 그렇다고 항상 최상의 찬사와 인기를 받는 것은 아니었습니다. 학생들을 편애한다는 소리를 들어야 하는 위험을 감수하면서도, 그는 새로운 학생이었던 혜숙의 창조적인 재능들을 알아보려고 아주 많은 기회를 부여했습니다. 혜숙에게는 또래들이 함께 연기할 연극 대본을 쓰는 능력도 있었습니다.

혜숙은 곧 급우들로부터 선생님의 애완동물이라는 조롱과 비웃음의 표적이 되었습니다. 선생님의 관심을 즐기면서 동시에 친구들과 함께 잘 지냈으면 하는 바람도 간절했습니다. 그래서 혜숙은 친구들과의 관계를 위해서 그 연기 담당 선생님을 만날 때마다 매우 무례하고 까다롭게 굴었습니다. 그녀는 그것이 선생님의 마음을 아프게 한다는 것도 알았습니다.

10년 후 사범대학에 들어갔을 때, 혜숙은 자신이 5학년이었을 때 선생님께 무례하게 굴었던 자신의 잘못된 행동들을 기억하게 되었습니다. 그녀는 그 일에 대하여 선생님께 용서를 구해야 한다는 생각도 하고 있었습니다. 몇 번의 노력 끝에 그녀는 그 선생님이 가르치고 있는 학교를 찾아냈고 선생님께 편지를 쓰기로 마음먹었습니다. 그녀는 먼저 선생님께 자신의 재능을 믿어준 것에 대해 감사드리며, 자신에게 친구들과 함께 공연하기 위한 연극 대본을 쓸 수 있도록 지도해 준 것에 대해 감사드린다는 내용을 썼습니다. 문학에 대한 선생님의 사랑이 그동안 공부를 해 오면서 여러 선택을 할 때 얼마나 큰 영향을 미쳤는지도 언급하였습니다. 특히 수업 시간에 선생님께서 읽어주신 『비밀의 정원』을 아직도 기억한다는 내용도 덧붙였습니다.

얼마 후 혜숙은 선생님께 "어린 소녀의 나이에 맞는 행동"이므로 얼마든지 이해가 된다는 내용의 아주 훌륭하고 친절한 답장을 받았습니다. 편지에는 그가 아직도 학생들에게 『비밀의 정원』을 읽어 준다는 내용과 선생님이 되기로 선택한 것에 대한 찬사, 미래에 좋은 결과가 있기를 기대한다는 내용이 들어 있었습니다. 새년이 편지를 읽는 동안 그녀의 눈에는 하염없이 눈물이 솟아오르고 있었습니다.

후에 혜숙은 학교 교무실에서 자신이 보낸 편지를 읽으며 선생님께서 얼마나 많은 눈물을 흘렸는지에 대해 듣게 되었습니다.

시어머니 용서하기

현정은 시어머니가 될 사람에게 받은 냉대를 어떻게 이해해야 할지 알 수가 없었습니다. 시어머니가 된 사람의 반응에 현정은 무척이나 충격을 받았으며 만약 그것이 그분의 진심인지 아니면 일부러 그랬는지 몹시 궁금했습니다. 현정은 만약 그분이 자신을 좀 더 알게 된다면 모든 상황이 좀 나아질 것이라고 확신했습니다.

그러나 결혼을 한 후에도 상황은 아무 것도 바뀌지 않았으며 현정의 노력에도 상관없이 관계는 여전히 꼬인 상태였습니다. 시어머니께서 오셔서 칠 일을 머무시는 동안에 현정은 정성을 다해서 모셨고 시어머니를 즐겁게 해줄 행사와 여러 가지를 준비했습니다.

현정의 아이들이 태어난 후에, 시어머니는 좀 부드러워지셨고 가족들을 방문하시는 것을 무척 좋아하셨습니다. 그러나 현정은 결혼 전에 자신을 있는 그대로 받아주지 않은 것과 환영해주지 않은 것에 대한 상처를 결코 잊을 수 없었습니다.

현정은 "몇 년 후에, 시어머니께서 방문할 때마다 내가 다른 사람에게 시어머니를 좋지 않게 이야기하고, 뭔가 주저하며, 여러 의견을 무시하고 있다는 사실을 깨달았습니다"라고 말을 했습니다. 자신을 항상 용서의 사람이라고 생각하고 있었던 현정은 자신이 받은 상처를 잊는 것이 얼마나 어려운지 새삼 놀라게 되었습니다. "그분을 정말로 용서하기 원하면서 왜 나의 이런 모습을 보지 못했을까요?"

영적 성장spiritual growth이라는 훈련과정을 밟으면서, 현정은 자신의 용서하지 못하는 태도를 직시하게 되었습니다. 용서를 연습하는 훈련과정 중 하나로 사랑하기 힘든 사람에게 편지를 쓰는 것이 있었습니다. "나는 시어머니께 편지를 썼습니다. 나는 시어머니께서 나를 받아주지 않은 것 때문에 받은 상처가 얼마나 컸는지를 편지지에 쏟아놓았습니다. 나의 생각을 잘 정리하는 것과 내 마음 속

깊이 흑백으로 자리한 분노를 설명해 내는 것은 나를 풀어놓는 작업이 되었습니다. 아마도 그것은 내가 얼마나 상처를 깊게 받았는가를 있는 그대로 인정하는 것이 되었습니다. 처음 편지를 쓸 때부터 나는 그 편지가 시어머니께 보낼 것은 아니라는 사실을 알고 있었습니다. 시어머니께서는 아마도 내 감정을 전혀 눈치 채지 못했을 것입니다."

"용서는 실제로 시어머니에 관한 것이 전혀 아니었습니다. 그것은 사실 나 자신에 대한 것이었습니다. 그 편지는 영원히 시어머니께 보내지지 않을 걸요. 왜냐하면, 내가 그 편지를 쓰자마자 곧바로 태워버렸으니까요. 그러나 내 생각을 내려놓고 감정을 정리하는 과정을 통해, 나는 내 안에 있던 시어머니와의 관계를 깨끗하게 정리했고, 전혀 다른 방법으로 새롭게 시어머니와의 생활을 새롭게 할 수 있었습니다."

형제와 이방인

민서의 부모님께서 돌아가신 후에, 가족 소유의 별장은 형제자매가 동등한 소유권을 갖고 이용하도록 되어있었습니다. 그러나 나래의 바로 아래 남동생은 모든 가족 구성원이 만든 동의서를 지키는 대신에, 장남으로서 그 별장에 대한 모든 권한을 가진 사람처럼 아무런 동의도 없이 전체 구조를 바꾸고 정기적으로 별장을 이용했습니다.

장녀로서 나래는 온 가족이 함께 사용해야할 별장을 장남이 여름 내내 혼자 차지하는 것에 대하여 몹시 불편했습니다. 그녀는 별로 환영을 받지 못했고, 손님도 거의 데리고 갈 수가 없었기에 속이 탔지만, 문제를 일으키는 대신 가족의 평화를 유지하고자 결국 그 별장에 대한 자기의 몫을 포기하기로 했습니다. 그러나 마음속에는 분노가 자리하고 있었고 별장 근처로는 차를 몰고 갈 수조차 없었습니다.

그녀의 감정들은 가족 관계로 나타났습니다. 그녀는 형제들에게 전에 없이 아주 날카롭게 대했고, 여러 질문과 함께 형제들의 약점들을 심술궂게 건드렸습니다. 이러한 것은 그녀의 형제자매들의 심기를 매우 불편하게 만들었고 그들도 똑같은 방식으로 그녀를 대하게 되었습니다.

그녀의 불행을 알아챈 친구들은 나래에게 이제는 모든 것을 내려놓으라고 말해주었습니다. 그것은 나래에게 다른 사람들을 자기 형제보다 훨씬 친절하게 대하고 있다는 사실을 깨닫게 해주었습니다. 나래는 다른 사람에게 질문을 할 때 준비된 나음으로 더 객관적이 되고자 노력했습니다. 한편, 가족과 함께 있을 때 나래는 더욱더 빨리 비판적이 되었고 각 사람의 행동을 미리 예측하였습니다.

시간이 흐르면서 그녀는 자신에게 물었습니다. "관계를 악화시키는 이러한 생각과 행동을 어떻게 멈출 수 있을까? 나는 좋은 사람인데. 다른 사람에게는 이렇게 행동하지는 않는데. 우리는 똑같은 대화를 반복하면서 케케묵은 모습으로 살아가는군. 우리는 각자 자기의 역할이 무엇인지조차 정해놓지 않았으면서도 아무도 새로운 역할을 감당하려고도 하지 않잖아. 그러면 도대체 어떻게 내가 가족들과 더욱 더 가까운 사이가 되도록 관계를 역동적으로 바꿀 수 있을까?"

나래는 우선 자기 동생들을 마치 처음 만난 사람처럼 친절하게 대하며 양보를 위해 의식적으로 노력하기 시작했습니다. 더는 그들을 비판하지 않고 다른 사람에게 친절을 베풀었던 것처럼 인자하고 친절하게 대해주었습니다.

놀랍게도 그녀의 태도는 모든 것을 변화시켰습니다. 오랫동안 자신의 집을 방문하지 않았던 형제들이 방문을 하였고 솔직하게 말을 하게 되었습니다. 다시 모두가 함께 일을 할 수 있게 되었습니다.

형을 용서하기

약 20년 전 형순이 병원까지 태워다 달라는 형의 전화를 받았을 때, 아주 작은 오해가 큰 일로 발전하게 되었습니다. 은퇴한 목수로 시간적인 여유가 있었던 형순은 기꺼이 형의 부탁을 들어주었습니다. 형순은 암으로 고생을 하는 그의 형과 거의 20년 동안 대화를 하지 않았습니다.

불화가 시작된 것은 20년 전 형순과 그의 아내 수잔이 형의 집을 방문하러 갔을 때 일어났습니다. 그들이 집에 들어서는데, 형이 형순에게, "제수씨는 들어와도 좋지만, 너는 안 돼. 들어오지 마!"라고 했습니다.

형순은 형이 농담으로 그러는 줄 알고, 아내와 함께 집을 들어갔습니다. 그러나 그를 환영하지 않는다는 정색하는 형의 말을 듣고 그곳에 더 있을 수가 없었습니다. 무슨 일이 일어났는지 확실히 알지도 못하는 가운데 형순과 아내 혜정은 이러한 불화가 빨리 사라지기를 원하며 황급히 형의 집을 나왔습니다. 아무래도 본인이 받은 암 선고에 대한 충격 때문에 그랬을지도 모를 일이었습니다. 그러나 그 불화는 사라지지 않았습니다.

며칠은 몇 달로, 또 다시 몇 달은 몇 년으로 바뀌었습니다. 형순과 혜정은 형과 형수를 자신의 자녀들의 결혼식에 초대를 했습니다. 그러나 그들은 결혼식에도 참석하지 않았습니다. 그들은 손자 손녀들이 태어난 것도 알렸습니다. 그러나 여전히 답신이 없었습니다. 형순의 조카와 조카딸이 몇 년 동안 연락책이 되었고, 세월이 흐르면서 그들이 삼촌에게 자신의 배우자들을 소개하고 태어난 아이들을 소개하는 식이 되었습니다. 조카들은 형순에게 엄마, 아빠와 관계가 좋아지도록 계속 노력해달라고 부탁을 해왔습니다. 형순과 혜정은 조카와 조카딸의 결혼식에 참석할 수 없게 되어 매우 슬펐고, 가족 전체의 관계가 회복되기를 염원했습니다.

그러나 어느날 갑자기 전화가 왔을 때, 그들은 어안이 벙벙했습니다. 어떻게 그들은 표현하지 않은 분노와 원망의 벽으로 말미암은 고통의 관계를 이렇게 쉽게 청산할 수 있단 말인가? 형순은 자신이 어떻게 해야 하는지 아는 대로만 했습니다. 그는 형을 태우러 도시를 가로질러 차를 몰고 갔습니다.

이제 3년이 지나, 그들의 관계는 다시 가까워졌습니다. 그러나 예전의 그 불화에 대해서는 어느 쪽에서도 언급하지 않았습니다. 그것은 수많은 세월동안 겪었던 고통과 다시 잃고 싶지 않은 시간과 가족 관계를 위해 자기 형을 용서하기로 한 형순의 의식적인 선택이었습니다. 정말로 중요한 관계를 다시 세우기 위한 선택이었습니다.

"무슨 일이 다시 발생하든지 간에 우리가 그를 자유롭게 해주기로 했습니다. 왜냐하면, 우리는 그가 자유롭게 되길 원하며, 그렇게 하는 것이 우리가 자유로워질 수 있는 일이기 때문입니다"라고 형순은 형을 용서해주기로 한 이유를 설명했습니다.

존경스런 용서

경호는 손에 아주 두꺼운 서류를 들고 있었습니다. 그녀는 아주 어려운 회의가 시작되리라는 것을 알고 있었습니다. 그 서류에는 행정보조원의 불순종, 그동안 나누었던 대화들, 그리고 아주 불친절한 행동들이 차례차례 문서로 기록되어 있었습니다. 그녀는 노조와도 협의했고 인권 사무실과도 이미 이야기를 마친 상태였습니다. 이것은 그녀가 누군가를 해고시키려 했던 첫 번째 사건이었습니다.

"당신은 책상을 정리할 30분이 있으며, 회사 밖까지 몇 사람이 동반하게 될 것입니다." 스스로 이러한 최종적인 결론을 기대하면서, 경호는 자기의 일을 도와주는 행정보조원의 상호책임에 대한 또 다른 서류까지 준비했습니다.

그리스도인들은 비록 그들의 일꾼들이 그리스도인이라 하더라도 불순종한다면 해고할 수 있으며, 불순종하는 일꾼들은 해고 될 수 있습니다. 우리는 더욱 더 높은 이상 속에서 살기를 원하지만 여전히 일은 잘 끝낼 필요가 있습니다. 그러나 경호는 그것이 일을 잘 마치기 위한 것이 아니라, 자신과 행정보조원간의 인격이 충돌해서 생긴 것이라는 사실을 잘 알고 있었습니다.

갈등이 커진 것은 행정보조원이 인생의 길을 잘못 든 것 때문이었던 반면, 경호에게는 오히려 모든 것이 잘 된 일이었습니다.

그녀는 파일을 치우고 그녀의 책상 위에 놓인 공책, 필기도구 등을 깔끔히 치워놓고 자신의 행정보조원을 오라고 했습니다. 그들은 그 날에 있었던 일과 다음 주에 해야 할 일들 중에 스트레스로 다가오는 것들이 있는지에 대하여 이야기를 나누었습니다. 그러고 나서 경호는 행정보조원에게 "당신과 나 사이에 뭐 잘못된 것이 있나요?"라고 물었습니다. 대답은 어떻게 그들이 잘 지내지 못했는가 하는 것으로 바뀌어 되돌아 왔습니다. 그 행정보조원은 일을 시작한 첫 날의 일부터 시작하여 암송하듯이 늘 하는 불평을 쏟아 놓았습니다. 그는 말을 하면서 점점 더 화를 냈습니다. 눈을 부라리고 얼굴은 벌겋게 달아올랐습니다. 행정보조원은 경호가 건방지고 자만심이 너무 강한 여자라고 느꼈고, 자신이 맡은 일들이 잘못 될까봐 두려워하고 확신이 없을 때조차 의사결정 하는 일을 그에게 맡긴 일과 몇 시간 동안 자기 사무실 문을 닫아 놓은 일들을 한껏 토로했습니다. 그는 자신이 관심 있는 곳으로 경호가 여행을 가는 것을 부러워했고, 업무와 상관없이 경호를 찾는 개인적인 전화를 받기 싫어했습니다. 그의 관점에서 볼 때, 경호의 그런 모든 것이 맘에 들지 않았습니다. 그녀가 모든 권력과 조정권을 갖고 있다는 것이었습니다.

경호는 행정보조원의 말을 들으며 그가 옳다는 것을 깨달았습니다. 그런 점에 대해 그는 경호에게 분개하였고, 그래서 그런 그녀를 몹시 싫어하였습니다.

이런 상황에서 경호가 자신의 생각대로 그를 해고시켜야 할까요? 사실 그녀는 어려운 상황에 처해있었던 사람을 많이 만났고 이러저러한 것 때문에 결코 꽃을 피우지 못한 사람들의 이야기와 삶을 귀기울여 들었습니다. 그러나 자신의 행정보조원과의 문제는 전혀 다른 문제 같았습니다.

그녀는 자신에게 "아니!"라고 대답했습니다. 그녀는 이러한 상황에서 배워야할 필요도 있다고 생각했습니다. 자신의 일이 잘 되자 갖게 된 교만함 때문인지 불평불만이 계속 생겨나 그녀를 성가시게 했습니다. 그러나 발전은 도전을 받아들일 때 이루어진다는 것을 배워야 했습니다. 그렇게 그녀는 다시 시도했습니다.

경호는 그의 태도가 맘에 들지 않는다고 그에게 딱 잘라 말했습니다. 경호는 그가 불순종적이며, 민감한 정보를 다루는 데 있어서 그를 신뢰할 수 없다고 분명히 말했습니다. 그러나 그를 용서한다고 말했습니다.

"나를 용서한다고요? 나는 당신의 용서를 받고 싶지 않습니다.

내가 받고 싶은 것은 당신의 존중이라고요" 그는 버럭 소리 질렀습니다.

경호는 아주 조용하게 대답했습니다. "그러면 내가 당신을 존중하겠습니다. 그러나 내 용서를 무시하지는 마십시오."

상황은 경호가 생각했던 것보다 더 어렵게 되었습니다. 왜냐하면, 이 사건에는 자신의 건방진 행동과 자만심이 결부된 아주 많은 문제가 공존해 있었기 때문입니다.

경호와 행정보조원은 친구가 될 수 없었습니다. 그러나 그들이 일을 함께 하는 데에는 보다 생산적인 관계를 유지해나갈 수 있었습니다. 몇 년 뒤에, 경호가 다른 회사로 옮겨갔을 때, 그녀는 자신의 행정보조원을 다시 만나게 되었습니다. 그때 그녀는 이제 자신을 용서할 수 있느냐고 물었습니다. 그는 이미 그녀를 용서했으며, 그 문제를 떠나보냈다고 대답했습니다. 경호가 보기에도 용서가 이루어진 것 같았습니다. 그는 매우 편하고, 확신에 차있고, 유능한 행정가가 되어있었습니다.

추천 도서

『아미시 그레이스』, 도널드 크레이빌외, 뉴스엔조이
『용서, 치유를 위한 위대한 선택』, 요한 크리스토퍼 아놀드, 양철북
『용서』, 달라이 라마, 오래된 미래
『용서라는 고통』, 스티븐 체리, 황소자리
『용서』, 댄 해밀턴, IVP
『아놀라운 하나님의 은혜』, 필립 얀시, IVP
『숨어 계신 하나님』, 김영봉, IVP
『용서 』, 찰스 스탠리, 두란노
『용서의 미학』, 루이스 스미디스, 이레서원
『상처와 용서』, 송봉모, 성바오로딸수도회
『용서의 용기』, 안경승, 그리심

Affinito, Mona Gustafson. *When to Forgive*. Oakland, California: New harbinger Publication, Inc., 1999.

Bergan, Jacqueline and Schwan, S. Marie. *Forgiveness: A Guide for Prayer*. Winona, Minnesota: Saint Mary's Press, 1985.

Enright, Robert D., and North, Joanna, eds. *Exploring Forgiveness*. Madison, Wisconsin: The University of Wisconsin Press, 1988.

Flanigan, Beverly. *Forgiving the Unforgivable: Overcoming the Bitter Legacy of Intimate Wounds*. Toronto, Ontario: Maxwel Macmillan Canada, 1992.

Smedes, Lewis B. *Forgive & Forget: Healing the Hurts We Don't Deserve*. New York, New York: HarperCollins, 1984.

Yancey, Philip. *What's So Amazing About Grace?* Grand Rapids, Michigan: Zondervan Publishing House, 1997.

Yancey, Philip. *Where is God When It Hurts?* Grand Rapids, Michigan: Zondervan Publishing House, 1990

❖❖❖ 용서의 이야기를 나누어 주세요

어떻게 이 책을 사용하셨습니까?
이 책이 가져다 준 영향은 무엇이었습니까?
당신의 생활 중 어느 곳에서 용서가 이루어졌습니까?

이 책을 정리하며 독자들이 체험한 용서에 대한 이야기를 지속적으로 듣고자 합니다. 여러분의 이야기를 보내주시면 내용을 정리하여 다음 책을 만드는 데 자료로 사용하려고 합니다.

E-mail: jlife@daejanggan.org

용서는 시간과 노력이 필요하다.

그리고 무엇보다도 더많은 희생이 필요하다.